Jean Laplanche, J.-B. Pontalis
Urphantasie

Das Anliegen der Buchreihe Bibliothek der Psychoanalyse besteht darin, ein Forum der Auseinandersetzung zu schaffen, das der Psychoanalyse als Grundlagenwissenschaft, als Human- und Kulturwissenschaft sowie als klinische Theorie und Praxis neue Impulse verleiht. Die verschiedenen Strömungen innerhalb der Psychoanalyse sollen zu Wort kommen, und der kritische Dialog mit den Nachbarwissenschaften soll intensiviert werden. Bislang haben sich folgende Themenschwerpunkte herauskristallisiert:

Die Wiederentdeckung lange vergriffener Klassiker der Psychoanalyse – beispielsweise der Werke von Otto Fenichel, Karl Abraham, Siegfried Bernfeld, W. R. D. Fairbairn, Sándor Ferenczi und Otto Rank – soll die gemeinsamen Wurzeln der von Zersplitterung bedrohten psychoanalytischen Bewegung stärken. Einen weiteren Baustein psychoanalytischer Identität bildet die Beschäftigung mit dem Werk und der Person Sigmund Freuds und den Diskussionen und Konflikten in der Frühgeschichte der psychoanalytischen Bewegung.

Im Zuge ihrer Etablierung als medizinisch-psychologisches Heilverfahren hat die Psychoanalyse ihre geisteswissenschaftlichen, kulturanalytischen und politischen Bezüge vernachlässigt. Indem der Dialog mit den Nachbarwissenschaften wiederaufgenommen wird, soll das kultur- und gesellschaftskritische Erbe der Psychoanalyse wiederbelebt und weiterentwickelt werden.

Die Psychoanalyse steht in Konkurrenz zu benachbarten Psychotherapieverfahren und der biologisch-naturwissenschaftlichen Psychiatrie. Als das ambitionierteste unter den psychotherapeutischen Verfahren sollte sich die Psychoanalyse der Überprüfung ihrer Verfahrensweisen und ihrer Therapieerfolge durch die empirischen Wissenschaften stellen, aber auch eigene Kriterien und Verfahren zur Erfolgskontrolle entwickeln. In diesen Zusammenhang gehört auch die Wiederaufnahme der Diskussion über den besonderen wissenschaftstheoretischen Status der Psychoanalyse.

Hundert Jahre nach ihrer Schöpfung durch Sigmund Freud sieht sich die Psychoanalyse vor neue Herausforderungen gestellt, die sie nur bewältigen kann, wenn sie sich auf ihr kritisches Potenzial besinnt.

Bibliothek der Psychoanalyse
Herausgegeben von Hans-Jürgen Wirth

Jean Laplanche, J.-B. Pontalis

Urphantasie

Phantasien über den Ursprung, Ursprünge der Phantasie

Aus dem Französischen
von Bettina Lindorfer

Herausgegeben und mit einem Vorwort
von Udo Hock

Psychosozial-Verlag

Neuübersetzung

Titel der französischen Originalausgabe:
Fantasme originaire, fantasmes des origines, origines du fantasme
Um ein Post-scriptum von J. Laplanche und J.-B. Pontalis ergänzte Auflage:
Hachette, 1985 (1964)

Die Übersetzung des vorliegenden Buches wurde durch eine Zuwendung
der Sigmund-Freud-Stiftung finanziert.

Bibliografische Information der Deutschen Nationalbibliothek
Die Deutsche Nationalbibliothek verzeichnet diese Publikation
in der Deutschen Nationalbibliografie; detaillierte bibliografische Daten
sind im Internet über http://dnb.d-nb.de abrufbar.

Neuübersetzung

info@psychosozial-verlag.de
www.psychosozial-verlag.de

Umschlagabbildung: Jean Laplanche, Paris, 5. Mai 1994 © Mélanie Gribinski,
www.melaniegribinski.com
Umschlaggestaltung und Innenlayout nach Entwürfen von Hanspeter Ludwig, Wetzlar
ISBN 978-3-8379-3245-4 (Print)
ISBN 978-3-8379-7950-3 (E-Book-PDF)

Inhalt

Vorwort des Herausgebers

Der hier vorgelegte Text ist in vielerlei Hinsicht ein Klassiker der Psychoanalyse geworden. 1964 geschrieben, markiert er genau das Jahr, in dem es zu einer der bedeutsamsten Umwälzungen in der Geschichte der Psychoanalyse in Frankreich gekommen ist. Lacans Bestrebungen, als Lehranalytiker von der IPA (International Psychoanalytical Association) anerkannt zu werden, waren gescheitert und führten dazu, dass sich eine ganze Reihe seiner Schüler und oftmals gleichzeitig Analysanten von ihm abwandten und eine eigene Schule gründeten: namentlich die APF, die Association Psychanalytique de France, die sofort von der IPA anerkannt wurde.

Jean Laplanche und J.-B. Pontalis gehörten zu dieser Gruppe. Sie hatten über viele Jahre sowohl Lacans Seminare als auch seine Couch frequentiert und in jenem Jahr 1964 sowohl von seiner Lehre als auch von seiner Person Abstand genommen, um neue Wege zu gehen, sowohl in der theoretischen als auch in der institutionellen Ausrichtung: Beide wurden sie zu Gründungsmitgliedern der APF.

Der vorliegende Text ist gleichsam ein Manifest dieser Absetzbewegung. Lacan, dessen Name übrigens nicht übermäßig häufig im Text auftaucht, stellt zwar noch die Fragen, doch finden Laplanche und Pontalis ihre Antworten zuvorderst bei Freud selbst. Das machen sie in ihrem Nachwort von 1985 überdeutlich.

Ihr Essay geht von folgender Frage aus: Es mag einen Konsens geben innerhalb der psychoanalytischen Community, dass die Phantasie zu den bevorzugten Gegenständen der Psychoanalyse gehört. Doch wie ist ihr metapsychologischer Status zu bestimmen, ohne dem traditionellen Gegensatz von real und imaginär/illusionär verhaftet zu bleiben? Vor diesem Hintergrund gehen sie gleichsam auf Entdeckungsreise innerhalb des Freud'schen Werks, um dort verschiedene Begriffe zunächst neu zu heben und dann für eine mögliche Antwort fruchtbar zu machen: *psychische Realität*, *Anleh-*

nung, *Autoerotismus*, *Nachträglichkeit* und schließlich *Urphantasien*. Auf diesem Weg unterziehen sie insbesondere Freuds frühe Verführungstheorie einer Neubewertung. Sie nehmen Abstand von der traditionellen Geschichtsschreibung innerhalb der Psychoanalyse, wonach mit der Aufgabe der Verführungstheorie überhaupt erst der Wert der unbewussten Phantasien zutage getreten sei und erst in der Engführung dieser Phantasien mit dem Ödipuskomplex die Psychoanalyse den rechten Weg gefunden hätte. Vor allem weisen sie jede Lösung zurück, die die Phantasien mit einer endogen gedachten Sexualität in unmittelbaren Zusammenhang bringt. Stattdessen stellen sie fest, dass Freud auch nach der Aufgabe der Verführungs*theorie* nicht aufhört, die Verführung der Kinder durch ihre Eltern und durch andere primäre Bezugspersonen als eine bedeutsame klinische Tatsache zu würdigen.

In ihrer Suche nach einem Fundament jenseits von real und imaginär stoßen sie schließlich auf den Freud'schen Begriff der Urphantasie. Man muss es so sagen: Das Kapitel, in dem Laplanche und Pontalis diesen Terminus einführen – es trägt den Titel »Ur« –, ist sicherlich das schwierigste des kleinen Bändchens und hat auch der Übersetzerin viel abverlangt. Es gibt hier eine Korrelation von Textform und Textinhalt, die einmal mehr deutlich macht, dass beide Ebenen nicht voneinander getrennt werden können. Die Komplexität des Inhalts kontaminiert direkt die sprachliche Form, die wiederum anzeigt, dass es Laplanche und Pontalis schwerfällt, ihren eigenen Gedanken klar zu formulieren.

Sie verwerfen einerseits Freuds These, wonach es sich bei den Urphantasien um aus der Phylogenese stammende transzendentale Kategorien handelt, die der menschlichen Erfahrung gleichsam als ihr Apriori dienen, und äußern andererseits Vorbehalte gegenüber der strukturalistischen Lösung, die in den Urphantasien gleichsam die Vorwegnahme der symbolischen Ordnung à la Lacan und Lévi-Strauss zu erkennen glaubt. Am wichtigsten in ihren Ausführungen erscheint aber, dass sie die Urphantasien – worunter zugleich Phantasien über die Ursprünge, aber auch Ursprünge der Phantasie zu verstehen sind – mit Szenen verknüpfen, die auf den elterlichen Anderen verweisen, seine Geräusche und sein Begehren in der Urszene, sein Gerede und seine Geschichte in der Familienlegende.

Den Ursprung der Phantasie bestimmen die Autoren schließlich als jenen Augenblick, in dem sich Sexualität und Selbsterhaltung voneinander zu unterscheiden beginnen. Während die Selbsterhaltung zwingend an äußere Objekte gekoppelt ist und zuvorderst an die milchspendende mütterliche Brust, ernährt sich die infantile Sexualität primär von Phantasien, die auf vielfältige Weise bei ganz unterschiedlichen kindlichen Aktivitäten wie etwa dem Daumenlutschen ins Spiel kommen. Der Ursprung der Phantasie und der Ursprung der infantilen Sexualität sind folglich untrennbar miteinander verbunden.

Einen letzten Punkt des Essays möchte ich noch aufgreifen. Er betrifft Susan Isaacs kleinianische Lesart des Freud'schen Phantasiebegriffs. Isaacs schlägt in ihrem berühmten, erst vor wenigen Jahren ins Deutsche übersetzten Text »Wesen und Funktion der Phantasie« (2016 [1948]) vor, bewusste und unbewusste Phantasien auch graphisch streng voneinander zu trennen: Die *fantasy* bezeichne den bewussten Anteil, die *phantasy* hingegen den unbewussten Anteil der Phantasien. Laplanche und Pontalis führen gegen diese Neuerung Freuds eigene Position ins Feld:

> »Die klar bewußten Phantasien der Perversen, die unter günstigen Umständen in Veranstaltungen umgesetzt werden, die in feindlichem Sinne auf andere projizierten Wahnbefürchtungen der Paranoiker und die unbewußten Phantasien der Hysteriker, die man durch Psychoanalyse hinter ihren Symptomen aufdeckt, fallen inhaltlich bis in einzelne Details zusammen« (Freud, 1905d, S. 65, A.1).

Stattdessen machen sie die Unterscheidung stark zwischen den Urphantasien, die sie einem »ursprünglichen Unbewussten« zuschreiben, und sekundären Phantasien, die sowohl unbewusst als auch bewusst sein können, wie Freud im Zitat ausführt.

An der weiteren Rezeption der Freud'schen Urphantasien im Anschluss an den Essay von Laplanche und Pontalis möchte ich eine Besonderheit hervorheben. Ähnlich wie der Begriff der Anlehnung (vgl. dazu Laplanche, 2021 [1993]) haben auch die Urphantasien bei Laplanche eine radikale Umwertung erfahren, die mit seiner Abkehr vom strukturalen Denkens Lacans und seiner Neuformulierung der Freud'schen Verführungstheorie zu tun hat. Am ausführlichsten hat Laplanche diese Kehrtwendung im Rahmen seiner Vorlesungen zur Nachträglichkeit (Laplanche, 2022 [2006]), genauer in der Vorlesung vom 6. Februar 1990, dargestellt (ebd., S. 146–154). In dieser Vorlesung distanziert er sich ausdrücklich von der »Dosis« Strukturalismus, die dem gemeinsam mit Pontalis verfassten Text über die Urphantasien inhärent war, aber auch vom phylogenetischen Denken Freuds, wie dieser es in seinem Text über den Wolfsmann im Zusammenhang mit den Urphantasien stark macht: Urphantasien seien demnach a priori Kategorien menschlichen Erlebens, die hereditär weitergegeben und unsere Erfahrungen strukturieren würden. Nun, bekanntlich findet Laplanche einen dritten Weg zur Bestimmung der Urphantasien jenseits von Strukturalismus und Phylogenese. In einem seiner letzten Texte, die er überhaupt geschrieben hat (Laplanche, 2017 [2007], S. 261–267), nennt er sie »narrative Schemata«, die kulturell an die nächsten Generationen weitergegeben würden, um die rätselhaften Botschaften des erwachsenen Anderen besser übersetzen zu können.

Während sich also Laplanche (und auch Pontalis) seit ihrem gemeinsamen Text von 1964 anderen Begriffen Freuds zugewandt haben, hat das Konzept der Urphantasien in einer zweiten Traditionslinie, die über Klein, Susan Isaacs und Bion zu zeitgenössischen postkleinianischen Autoren und Autorinnen führt, eine ungeahnte Aktualität gewonnen. Ich zitiere pars pro toto Heinz Weiß, der jüngst in seinem Beitrag zu Bernd Nissens Frage, ob das kleinianische Paradigma noch gültig sei, zentral auf die Urphantasien rekurriert:

> »Das, was Freud ›Urphantasien‹ (1918b) nannte, die er als Teil der ›phylogenetischen Erbschaft‹ (ebd., S. 131) begriff und von denen er sagt, dass sie ›wie die philosophischen »Kategorien« die Unterbringung der Lebenseindrücke besorgen‹ (ebd., S. 155), steht dem sehr nahe, was Klein als Phantasien von Anbeginn des menschlichen Lebens (1996 [1936], S. 79), Bion als ›pre-conception‹ (1962a) und Money-Kyrle als ›basic facts of life‹ (1971) bezeichnen, an denen sich jede menschliche Erfahrung orientiert« (Weiß, 2022, S. 168; Literaturangaben bei Weiß).

Es ist bedauerlich, dass es bisher zwischen beiden postfreudianischen Richtungen, Laplanche und seinen Nachfolgern auf der einen, Klein, Bion und ihren Anhängern auf der anderen Seite, zu keiner ausführlicheren Auseinandersetzung rund um den Begriff der Urphantasien gekommen ist. Wenn ich mich nicht irre, ist der Begriff selbst weder für Klein noch für Bion von Bedeutung, ja, ich wüsste nicht, ob und wo er in deren Werk auftaucht. Umso wünschenswerter wäre es, wenn die vorliegende Neuauflage des Textes von Laplanche und Pontalis zu einer solchen Auseinandersetzung beitragen könnte. Einen entscheidenden Unterschied zwischen beiden Positionen kann ich hier schon benennen: Während es Laplanche strikt ablehnt, das Unbewusste biologisch-phylogenetisch zu verankern, sind bei

Klein die unbewusste Phantasien (und damit potenziell auch die Urphantasien) durchaus angeboren. Isaacs und Bion sind in dieser Frage sicherlich weniger eindeutig; für eine Antwort erscheint eine genauere Analyse ihrer Texte unabdingbar.

Eine letzte Bemerkung möchte ich zur Frage der Übersetzung machen. Der Text von Laplanche und Pontalis war bereits 1992 als Taschenbuch im Fischer-Verlag in der Übersetzung von Max Looser erschienen. Da Max Looser bereits 2007 verstorben ist, war es nicht möglich, ihn darum zu bitten, seine Übersetzung noch einmal zu überarbeiten. Daraufhin haben die Übersetzerin Bettina Lindorfer und ich gemeinsam entschieden, den französischen Text noch einmal neu zu übersetzen. Die alte Fassung von Herrn Looser war für diese neue Version von großem Wert.

Bibliografie

Freud, S. (1905d). *Drei Abhandlungen zur Sexualtheorie. GW V*, S. 29–145.

Isaacs, S. (2016 [1948]). Wesen und Funktion der Phantasie. *Psyche, 70*(6), 532–582.

Laplanche, J. (2017 [2007]). *Sexual*. Gießen: Psychosozial-Verlag.

Laplanche, J. (2021 [1993]). *Ein biologistischer Irrweg in Freuds Sexualtheorie*. Gießen: Psychosozial-Verlag.

Laplanche J. (2022 [2006]). *Nachträglichkeit*. Gießen: Psychosozial-Verlag.

Weiß, H. (2022). Kleinianische Theorie in Entwicklung: Zur epistemologischen Bedeutung des Konzepts der unbewussten Phantasie. *Jahrbuch der Psychoanalyse 84*, 159–182.

Post-scriptum (1985)[1]

Wie jeder psychoanalytische Text ist auch dieser Text in seiner Zeit verankert, vielleicht noch mehr in seiner Zeit verankert als manch anderer. Mit »in seiner Zeit verankert« meinen wir nicht, dass er 20 Jahre nach seiner Erstveröffentlichung in *Les Temps Modernes* veraltet wäre. Zumindest hoffen wir das, für den heutigen Leser genauso wie für uns. Doch zweifellos verweist er auf die Zeit, in der er entstanden ist: Sie ist nicht nur in die Umstände seines Erscheinens, sondern auch in die Bewegung des Textes selbst eingeschrieben.

Er wurde in einer gewissen Dringlichkeit geschrieben und diese Dringlichkeit hing zuallererst mit einem Bruch zusammen: 1964 hatten wir nämlich gerade unsere Ablehnung dagegen deutlich gemacht, Lacan in dem zu folgen, was damals »L'École« hieß, die Schule, die zu seiner Schule werden sollte; aber wir konnten uns noch nicht ganz eingestehen, dass wir von seinem Denken bereits Abstand genommen hatten. Von daher rührt dieses gewisse Schwanken zwischen Kühnheit und Vorsicht in diesem kurzen Essai, ein Schwanken, das auch im Rhythmus des Geschriebenen zu spüren ist: Manchmal gehen wir Schritt für Schritt vor, manchmal verdichten wir dagegen über die Maße. Indem wir einen eigenen Weg »zurück zu Freud« gingen, machten wir deutlich, dass wir uns weigerten, ein One-Way-Ticket zu Lacan zu lösen. Doch gleichzeitig blieben wir auch zurückhaltend im Bemühen, zwischen Freud und ihm eine Kontinuität herzustellen.

1 Editorische Notiz: Hinweise der Übersetzerin wurden in eckigen Klammern eingefügt und sind mit dem Kürzel A. d. Ü. gekennzeichnet. Quellenangaben wurden von der Übersetzerin teilweise ergänzt und die Bibliografie am Ende des Textes von ihr erstellt. Zur Kenntlichmachung von Begriffen, die bei Laplanche und Pontalis auf Deutsch vorkommen, wurde ein Asterisk verwendet. Eckige Klammern ohne den Zusatz A. d. Ü. zeigen den Originalwortlaut an.

Unsere Studie verweist auch insofern auf ihre Entstehungszeit, als sie im Gefolge des *Vokabulars der Psychoanalyse* geschrieben wurde, das damals kurz vor dem Abschluss stand. Zweifellos kann man sie wie schon dieses Werk zur Gattung der Exegese zählen, allerdings nur, wenn man darunter versteht, das eigene Denken durch ein souveränes und rätselhaftes Denken befruchten zu lassen, und nicht einen bereits vorhandenen Bestand auszubeuten.

Zur Entdeckung eines Schatzes gehört zunächst eine Zeit der Verzauberung, der eine Bestandsaufnahme folgt, bevor dann unweigerlich eine Verschwendung einsetzt. Erinnern wir uns: Den Reichtum des Freud'schen Thesaurus ahnte keiner von denen, die sich damals damit begnügten, seine Zinsen einzustreichen – es sei denn, sie überließen es einem einzigen ANDEREN, seine WAHRHEIT zu verkünden.

Es ging damals zunächst darum, völlig vergessene Begriffe (Begriffe, die von den Freudianern und auch von Freud selbst von Anfang an vergessen worden waren), wie etwa den Begriff der *Anlehnung* oder den der *Urphantasie*, wieder ans Licht zu bringen. Es galt, so banal gewordenen Begriffen wie *Autoerotismus* oder so verrufenen und unverstandenen wie dem der *Verführung* ihren vollen und grundlegenden, wenn nicht gar transzendentalen Wert zurückzugeben.

Bald wurde die Aufgabe jedoch schwieriger und geriet ins Spannungsfeld zwischen zwei Notwendigkeiten: einerseits zu versuchen, das Denken Freuds weder zu verfälschen noch zu schematisieren, sondern seine Anforderungen [les exigences], seine Verdrängungen und Umkehrungen, seine Zweideutigkeiten und vielleicht sogar »Naivitäten« (die phylogenetische Hypothese ...) zu erneuern; und andererseits einen persönlichen Vorstoß zu unternehmen, um zwischen den wiederentdeckten Begriffen eine deutlichere, kohärentere und anregendere Konfiguration zu entwerfen.

Somit wird der Leser – und auch wir, wenn wir uns selbst wiederlesen – im vorliegenden Text mehrere Schichten erkennen:

- eine notwendige und heilsame Archäologie der Begriffe, die textgetreu und kritisch zugleich sein will;
- einen Versuch, die Problematik des Ursprünglichen neu zu interpretieren, bei dem trotz aller Verneinungen eine gewisse strukturalistische Inspiration spürbar bleibt;
- schließlich der Auftakt zu neuen Entwicklungen, auf die sich jeder der beiden Autoren im Folgenden ungehinderter einlassen konnte; so konnte jeder seine Wahl treffen im Innern des Erfahrungsbereichs, den Freud abgesteckt und erkundet hatte.

Zumindest sind wir das Risiko eingegangen, im »sexuellen Bereich« der Psychoanalyse die »Kinder«-Frage nach den Ursprüngen neu zu stellen und zu entfalten; eine Frage, die vielleicht für das tatsächliche, konkrete Wissen keine Bedeutung haben mag, aber dem Denken gleichwohl keine Ruhe lassen kann: dem des Psychoanalytikers ebenso wenig wie dem des Philosophen, denn beide versuchen, gemeinsam voranzukommen.

Wenn man den Text heute [d.h. 1985; A.d.Ü.] wieder liest, hat dieser unverändert wiederveröffentlichte Text – einzig die Kapitelüberschriften wurden hinzugefügt, einige Anmerkungen in den Text eingebaut und die bibliografischen Angaben präzisiert – für uns den Wert eines Zeigers [index]: als Finger, der auf die Sache zeigt; als Geste, die auf einen Weg hinweist, der Umwege erforderlich macht; als Zeichen eines Rätsels und nicht seiner Lösung.

»Ich kam abends …«

Seit ihren Anfängen rührt die Psychoanalyse im Material der Phantasien. Im Fall der Anna O., mit dem alles beginnt, tut Breuer offenbar nichts anderes, als sich in die Vorstellungswelt der Patientin, in ihr »Privattheater« einzumischen, um mittels Verbalisierung und emotionaler Ausdrucksform eine Katharsis zu ermöglichen. »Ich kam abends«, sagt er uns, »wenn ich sie in ihrer Hypnose wußte, und nahm ihr den ganzen Vorrat von Phantasmen ab, den sie seit meinem letzten Besuch angehäuft hatte« (Breuer & Freud, 1970 [1895], S. 50). Wenn man die Fallgeschichte liest, ist man erstaunt, dass Breuer sich im Gegensatz zu Freud wenig darum bemüht, die tatsächlich erlebten Elemente, die den Tagträumen zugrunde liegen könnten, wiederzufinden. Schon in dem als Auslöser der Neurose aufgefassten Ereignis ist es ein imaginäres Element, eine Halluzination, die das Trauma hervorruft. Die Beziehung zwischen der Phantasie und der Dissoziation des Bewusstseins, die zur Bildung eines unbewussten psychischen Kerns führt, ist zirkulär: Die Phantasie wird zum Trauma, wenn sie auf der Grundlage eines besonderen, als »hypnoid« bezeichneten Zustandes auftritt, umgekehrt trägt die Phantasie durch den Schrecken und die Schockstarre, die sie auslöst, dazu bei, diesen Grundzustand herzustellen: Es kommt zur »Autohypnose«.

Wenn Breuer sich so in einer imaginären Welt bewegt und versucht, deren pathogene Macht einzugrenzen, ohne auf einen extrinsischen Bezugspunkt zu rekurrieren – sehen wir denn in der Praxis gewisser zeitgenössischer Analytiker etwas anderes, besonders bei denen, die sich auf Melanie Klein berufen? Von Beginn an geht es um die Erklärung und Verbalisierung (hier zweifellos durch den Analytiker) von imaginären Dramen, die dem vom Patienten in die Sitzung eingebrachten sprachlichen oder gestischen Material zugrunde liegen (vgl. M. Klein, 2006 [1962]): Introjektion und Projektion der phantasierten Brust oder des phantasierten Penis, Angriffe,

Kämpfe oder Kompromisse zwischen guten und bösen Objekten und so weiter. Der Fortschritt der Kur, letztlich verstanden als eine bessere Anpassung an die Realität, wird nicht von irgendeinem korrigierenden Vorgehen erwartet, sondern von einer Dialektik, mittels derer die Phantasien im Zuge ihrer Enthüllung »integriert werden«. Letztlich ermöglicht die dauerhafte Introjektion des guten Objekts (das nicht weniger imaginär ist als das böse) eine Verschmelzung der Instinkte [instincts] zu einem Gleichgewicht, das auf der Vorherrschaft der Libido gegenüber dem Todesinstinkt[2] beruht.

»Fantasme«, auf deutsch: *Phantasie**. Der Ausdruck bezeichnet die Einbildung *[l'imagination]*, und zwar weniger die Fähigkeit des Sich-Einbildens (die *Einbildungskraft** der Philosophen) als vielmehr der eingebildeten Welt [monde imaginaire] und ihrer Inhalte, der »Einbildungen« oder »Phantasien« *[fantasmes]*, in denen der Neurotiker oder der Dichter Zuflucht findet. In diesen Szenen, die das Subjekt erzählt oder die ihm der Analytiker erzählt, ist eine phantasmagorische Färbung nicht zu verkennen. Wie sollte man von daher der Versuchung widerstehen, diese Welt in Bezug auf das zu definieren, von dem sie sich abgrenzt: der Welt des Realen [monde du réel]? Diese Gegenüberstellung ist gewiss älter als die Psychoanalyse, sie droht aber von Anfang an, Theorie und Praxis der Psychoanalyse in ihren Begriffsrahmen einzusperren.

Wie lösen die Psychoanalytiker dieses Problem in der Theorie? Mehr schlecht als recht, und meist mithilfe einer eher holzschnittartigen Erkenntnistheorie.

Eine Melanie Klein, deren Technik frei von jeder orthopädischen Absicht ist und die sich mehr als sonst jemand um die Unterscheidung zwischen der zufälligen Bilderwelt *[l'imagerie contingente]* der Tagträume und der strukturierenden Funktion und Dauerhaftigkeit der von ihr so genannten unbewussten Phantasien[3] bemüht, behauptet schließlich, dass diese unbewussten Phantasien falsche Wahrnehmungen seien. »Gutes« und »böses« Objekt müssen bei *uns* unbedingt mit Anführungszeichen[4]

2 [Der Ausdruck »Todesinstinkt« (statt Todestrieb) ist vermutlich als eine Kritik Laplanches an der Klein'schen Konzeption der Triebe als *biologische* Gegebenheiten zu lesen; A. d. Ü.]

3 Diese Unterscheidung werden wir weiter unten noch zu diskutieren haben.

4 »Gute« und »böse« Objekte sind »diese Imagines, die ein phantastisch verzerrtes Bild der realen Objekte sind, die ihnen zugrunde liegen« (M. Klein, (1994 [1962], S. 55).

versehen werden, auch wenn sich die gesamte Entwicklung des Subjekts innerhalb dieser Anführungszeichen abspielt.

Und Freud? Im Laufe dieser Arbeit werden wir die ganze Ambiguität seiner Auffassung erkennen und auch, dass sich ihm an jedem Wendepunkt seines Denkens ein neuer Weg öffnet. Wenn wir aber seine Lehre zunächst in ihrer hochoffiziellen Version nehmen, dann scheint die Welt der Phantasien ganz innerhalb des Rahmens zu liegen, der durch den Gegensatz zwischen dem Subjektiven und dem Objektiven gebildet wird, zwischen einer inneren Welt, die zur Befriedigung durch Illusion neigt, und einer äußeren Welt, die dem Subjekt durch die Vermittlung des Wahrnehmungssystems zunehmend das Realitätsprinzip aufdrängt. Das Unbewusste erscheint somit als Erbe dessen, was ursprünglich die einzige, allein dem Lustprinzip untergeordnete, Welt des Subjekts war. Die Welt der Phantasien ist mit den Naturschutzgebieten vergleichbar, die sich die Kulturnationen schaffen, um in ihnen einen Naturzustand aufrechtzuerhalten. »Mit der Einsetzung des Realitätsprinzips wurde eine Art Denktätigkeit abgespalten, die von der Realitätsprüfung frei gehalten und allein dem Lustprinzip unterworfen blieb. Es ist dies das *Phantasieren* […]« (Freud, 1911b, S. 234). Für die unbewussten Vorgänge »ergibt sich daraus, daß bei ihnen die Realitätsprüfung nichts gilt, die Denkrealität gleichgesetzt wird der äußerlichen Wirklichkeit, der Wunsch der Erfüllung, dem Ereignis […]« (ebd., S. 237). Mit diesem Fehlen einer »Realitätswährung« im Unbewussten geht die Gefahr einher, das Unbewusste als etwas Niedrigeres, als einen weniger differenzierten Zustand aufzufassen.

In der psychoanalytischen Praxis hat ein unzulänglicher Begriffsapparat unweigerlich Folgen. Man muss nur all jene Formen der Technik in Erinnerung rufen, die sich, gestützt auf den Gegensatz zwischen Imaginärem und Realem, letztlich zum Ziel setzen, die Integration des Lustprinzips ins Realitätsprinzip zu vollenden, ein Weg, auf dem der Neurotiker auf halber Strecke stehengeblieben wäre. Sicher ist es kaum angebracht, sich auf Wirklichkeiten [réalités] zu berufen, die der Kur selbst äußerlich sind, das Material muss vielmehr in der Beziehung des Patienten zum Analytiker, »in der Übertragung«, analysiert werden. Aber wenn wir nicht aufpassen, meint jede Übertragungsdeutung: »Sie benehmen sich mir gegenüber so, als ob …« unausgesprochen: »Dabei wissen Sie doch sehr wohl, dass ich in Wirklichkeit nicht der bin, für den sie mich halten.«

Zum Glück rettet uns die Technik: Wir ersparen uns, dieses missliche Unausgesprochene *auszusprechen*.[5] Ganz grundsätzlich ist die analytische Regel als *époché* zu verstehen, in der es keinerlei Realitätsurteil gibt. Doch heißt dies nicht, sich auf der gleichen Ebene zu bewegen wie das Unbewusste, das kein solches Urteil kennt? Ein Patient erzählt uns, er sei ein Adoptivkind, er berichtet uns von Phantasien, in denen er bei der Suche nach seiner wahren Mutter merkt, dass sie eine Dame von Welt sei, die sich prostituiert habe. Erkennen wir hier nicht das banale Thema des »Familienromans« wieder, so wie er auch von einem Kind, das nicht adoptiert worden ist, erfunden wird? Innerhalb unserer phänomenologischen Reduktion sollten wir keine Unterscheidung mehr treffen, höchstens könnten wir die Tatsache, dass dieser Patient sich beispielsweise auf Dokumente beruft, die seine Adoption belegen, als *Abwehr durch die Realität* entlarven. Die Aufhebung des Realitätsbezugs wird zu einem »Sie sind es, der das sagt«, bis hin zu einem grenzwertig denunziatorischen »All dies ist rein subjektiv.«

> Und dennoch drängt sich im Fall einer echten Adoption, auf den wir hier anspielen, auf klinischer Ebene ein Unterschied auf: Es gibt hier eine, übrigens rasch nachlassende, Aktualisierung der Phantasie, die Mutter wiederzufinden; oder auch Episoden, in denen der Versuch, mit der *wahren* Mutter zusammenzutreffen, in einer Art Bewusstseinstrübung symbolisch agiert wird und so weiter. In der Kur selbst zeigten von Anfang an zahlreiche Elemente – Trauminhalt, wiederholtes Einschlafen in der Sitzung als massiver, agierter Ausdruck einer regressiven Tendenz hin zu den Ursprüngen – von Anfang an die Getrenntheit [disjonction] des ungeschliffenen Realen [réel brut] und der Verbalisierung an.

Getrieben von dem Bedürfnis zu wissen – und wer würde ihm dies zum Vorwurf machen? –, in welcher Region der menschlichen Existenz er sich bewegt, lässt Freud einige Federn, wenn er zu rechtfertigen versucht, warum man sich in der Kur eines Realitätsurteils enthalten sollte. Und zunächst empfindet er es beinahe als Pflicht dem Patienten gegenüber, die Karten offenzulegen. Doch da er selbst wie der Patient in der Alternative real – imaginär gefangen ist, wie kann er da der doppelten

5 Bewundernswert ist, wie Melanie Klein, die unablässig die Übertragungsfunktion deutet, es schafft, niemals die Wendung »in der Realität« oder die Wendung »als ob« zu verwenden.

Gefahr entgehen, entweder das Interesse an der Analyse dahinschwinden zu sehen, wenn der Analysand gleich anfangs erfährt, dass das ganze produzierte Material aus nichts anderem als aus *Einbildungen** [imaginations] besteht, oder sich später dem Vorwurf ausgesetzt zu sehen, ihn ermutigt zu haben, seine Einbildungen für Wirklichkeiten zu halten? (vgl. Freud, 1916–17a, S. 383). Als Lösung schlägt Freud hier den Begriff der »psychischen Realität« vor, eine neue Dimension, zu der der Analysand nicht sofort Zugang findet. Doch was ist damit gemeint? Was versteht Freud darunter?

Ziemlich häufig nichts Anderes als die Realität [réalité] unserer Gedanken, unserer persönlichen Welt, einer Realität, die mit jener der materiellen Welt völlig gleichwertig ist und die für die neurotischen Phänomene die entscheidende Wirkgröße ist. Wenn dies bedeutet, die Realität der psychologischen Phänomene der »materiellen Realität« (ebd.) entgegenzusetzen, die »Denkrealität« der »äußeren Wirklichkeit« (Freud, 1911b, S. 237), dann kommt dies der Behauptung gleich, dass wir uns im Imaginären, im Subjektiven bewegen, aber dieses Subjektive ist unser Objekt; das Objekt der Psychologie hat den gleichen Wert wie das Objekt der Wissenschaften von der materiellen Natur. Und weist der Ausdruck psychische *Realität* nicht genau darauf hin, dass Freud psychischen Phänomenen erst durch die Bezugnahme auf die materielle Realität einen Objektstatus zuschreiben konnte, indem er behauptete: »Auch sie besitzen eine Art von Realität« (vgl. Freud, 1916–17a, S. 383)? In Ermangelung einer neuen Kategorie lässt uns die Enthaltung von einem Realitätsurteil erneut in die »Realität« des rein Subjektiven abgleiten.

Und doch ... Wenn er diesen Begriff der psychischen Realität einführt in den letzten Zeilen der *Traumdeutung*, in denen die Grundthese zusammengefasst wird (der Traum ist keine Phantasmagorie, sondern ein zu entziffernder Text), dann fällt in seiner Definition nicht *alles* Subjektive, nicht der ganze psychologische Bereich darunter, sondern nur ein heterogener, widerständiger Kern innerhalb dieses Bereiches; er allein ist, als etwas Widerständiges, wirklich »real« [vraiment réel] im Gegensatz zu den meisten psychischen Phänomenen:

»Ob den unbewußten Wünschen Realität zuzuerkennen ist, kann ich nicht sagen. Allen Übergangs- und Zwischengedanken ist sie natürlich abzusprechen. Hat man die unbewußten Wünsche, auf ihren letzten und wahrsten Ausdruck gebracht, vor sich, so muß man wohl sagen, daß die psychische Realität eine besondere Existenzform ist, welche mit der materiellen Realität nicht verwechselt werden soll« (Freud, 1900a, S. 625).[6]

Es gilt also drei Sorten von Phänomenen (oder von Realitäten im weiteren Sinne) zu unterscheiden: die materielle Realität, die Realität der »Zwischengedanken« oder des Psychologischen, und die Realität des unbewußten Wunsches und seines »letzten und wahrsten Ausdrucks« (die Phantasie).

Es genügt nicht, diese psychische »Realität«, diese neue, von Freud stets verdeckt gehaltene Kategorie, einfach als das »Symbolische« oder das »Strukturale« zu bezeichnen. Wenn Freud sie immer wieder findet und dann wieder verliert, dann ist dies nicht nur auf ein mangelhaftes Begriffswerkzeug zurückzuführen: Vielmehr liegt in ihrer – selbst strukturalen – Beziehung zum Realen und zum Imaginären die eigentliche Schwierigkeit und ihre Ambiguität, wie sie im zentralen Bereich der Phantasie in Erscheinung treten.

> Noch ein Wort zu der in der analytischen Grundregel ausgedrückten *épochè*: »Alles sagen, aber nichts tun außer sprechen.« Sie ist keine Aufhebung der Realität äußerer Ereignisse *zugunsten* der subjektiven Realität. Sie schafft ein neues Feld, das Feld des Sprechens, auf dem die Differenz zwischen dem Realen und dem Imaginären ihren Wert behalten kann (vgl. den Fall des Patienten, auf den wir oben angespielt haben). Die Homologie zwischen dem analytischen Feld und dem Feld des Unbewussten, dessen Auftauchen es provozieren soll, geht nicht auf ihre gemeinsame »Subjektivität« zurück, sondern auf die tiefe Verwandtschaft des Unbewussten mit dem Feld des Sprechens. Nicht: »*Sie* sind es, der es sagt«, sondern »Sie sind es, der es *sagt*.«

6 Die aufeinander folgenden Umarbeitungen, die diese Passage im Laufe der verschiedenen Ausgaben der *Traumdeutung* erfahren hat, belegen sowohl Freuds Bemühungen, den Begriff der psychischen Realität genauer zu fassen, als auch die Schwierigkeiten, die er damit hat (vgl. *Standard Edition*, Bd. V, S. 620, A. 1).

»Ich glaube an meine *Neurotica* nicht mehr«

Die Jahre 1895 bis 1899, also die Jahre, in denen die psychoanalytische Entdeckung vollendet wird, sind nicht nur aufschlussreich wegen der fragwürdigen Auseinandersetzungen, die hier geführt werden, sondern auch wegen der Vereinfachungen in den üblichen Geschichtsschreibungen jener Zeit.

Liest man zum Beispiel die Einleitung von Ernest Kris zu den *Anfängen der Psychoanalyse*[7], dann erscheint die Entwicklung der Ansichten Freuds klar und deutlich: Die Tatsachen – und in erster Linie Freuds Selbstanalyse – hätten ihn gezwungen, die anfänglichen Auffassungen aufzugeben; die *Szene der Verführung* durch den Erwachsenen, die sich Freud bis dahin als Modell des psychischen Traumas aufgedrängt hatte, ist kein reales Ereignis, sondern eine Phantasie, die wiederum nichts anderes ist als das Produkt und die Maske spontaner Äußerungsformen von infantil-sexuellen Aktivitäten. Hat Freud bei der Niederschrift seiner eigenen Lebensgeschichte nicht genau diese Sichtweise bestätigt?

> »Wenn die Hysteriker ihre Symptome auf erfundene Traumen zurückführen, so ist eben die neue Tatsache die, daß sie solche Szenen phantasieren, und die psychische Realität verlangt neben der praktischen Realität gewürdigt zu werden. Es folgte bald die Einsicht, daß diese Phantasien dazu bestimmt seien, die autoerotische Betätigung der ersten Kinderjahre zu verdecken, zu beschönigen und auf eine höhere Stufe zu heben, und nun kam hinter diesen Phantasien das Sexualleben des Kindes in seinem ganzen Umfange zum Vorschein« (Freud, 1914d, S. 216).

---

7 Insbesondere das III. Kapitel »Infantile Sexualität und Selbstanalyse« [vgl. Kris, 1950; A.d.Ü.].

Freud erkennt seinen »Irrtum«: Er hätte zunächst dem »Äußeren« zugeschrieben, was mit dem »Inneren« zu tun hat …

Theorie der sexuellen Verführung, schon das Wort lässt aufhorchen: Es handelt sich um die Ausarbeitung eines Erklärungsschemas für die Ätiologie der Neurosen, und nicht um die rein klinische *Feststellung* der Häufigkeit tatsächlicher Verführungen des Kindes durch den Erwachsenen, auch nicht um die einfache *Hypothese*, wonach solche Tatsachen unter den Traumata übermäßiges Gewicht hätten … Für Freud geht es darum, eine legitime Begründung zu erarbeiten für die Verbindung, die er zwischen Sexualität, Trauma und Abwehr entdeckt hat: zu zeigen, dass es in der Natur der Sexualität selbst liegt, eine traumatische Wirkung zu haben, und umgekehrt, dass man nur dann von Trauma sprechen und darin den Ursprung der Neurose entdecken kann, wenn es eine sexuelle Verführung gegeben hat. Als sich diese These durchsetzt (in den Jahren 1895 bis 1897), ist die Rolle des Abwehrkonflikts bei der Entstehung der Hysterie und allgemeiner der »Abwehr-Neuropsychosen«, in vollem Umfang anerkannt, ohne dass deswegen die ätiologische Funktion des Traumas an Bedeutung verloren hätte. Die Begriffe Abwehr und Trauma sind eng miteinander verknüpft: Indem die Theorie der Verführung aufzeigt, dass allein das sexuelle Trauma eine »pathologische Abwehr« (Verdrängung) auslösen kann, stellt die Verführungstheorie einen Versuch dar, sich die in der Klinik *(Studien über Hysterie)* entdeckte Tatsache klar zu machen, dass sich die Verdrängung ausschließlich auf die Sexualität stützt.

Bleiben wir einen Augenblick bei dem Schema, das Freud vorschlägt. Die Wirkungsweise des Traumas lässt sich in mehrere Zeiten zerlegen und setzt stets die Existenz von *mindestens zwei Ereignissen* voraus. In einer ersten Szene, der sogenannten »Verführungsszene«, ist das Kind einem sexuellen Angriff (einem »Attentat« oder einfachen Avancen) ausgesetzt, ohne dass dieser bei ihm eine sexuelle Erregung entstehen ließe. Will man eine solche Szene unbedingt traumatisch nennen, dann muss man dafür das somatische Modell des Traumas aufgeben: Es gibt hier weder einen Zufluss äußerer Erregungen noch eine Überschwemmung der »Abwehrvorgänge«. Wenn man die Szene trotzdem sexuell nennen muss, dann deshalb, weil sie es von außen und für den Erwachsenen ist. Das Kind dagegen verfügt weder über die somatischen Voraussetzungen der Erregung noch über die Vorstellungskraft [représentations], die es ihm ermöglichen würde, das Ereignis zu integrieren; zwar ist das Ereignis an sich sexuell, aber trotzdem nimmt es für das Subjekt keine sexuelle Bedeutung an: Das Ereignis ist »präsexuell«-sexuell (Freud, 1986 [1985b], S. 147). Die zweite Szene wiederum, die sich nach der Pubertät ereignet, ist, wenn man das so sagen kann, noch weniger traumatisch als die erste: Es gibt hier keine Gewalt, sie ist äußerlich harmlos und bezieht ihre Wirksamkeit erst daraus, dass sie durch gewisse assoziative Züge nachträglich [rétroactivement] das erste Ereignis wachruft. Es ist dann die Erinnerung an die erste Szene, die einen Anstieg sexueller Erregung auslöst, weil sie das »Ich« hinterrücks erfasst und es dadurch wehrlos und unfähig macht, die normalerweise nach außen gerichtete Abwehr einzuleiten; es kommt stattdessen zu einem pathologischen Abwehr- bzw. »postumen Primärvorgang«: Die Erinnerung wird verdrängt.

Wenn wir hier auf Auffassungen zurückkommen, die man auf den ersten Blick nur noch für historisch interessant halten könnte, weil sie ein unschuldiges Kind, ohne Sexualität, vorauszusetzen scheinen, und damit einer unbestreitbaren späteren Errungenschaft zu widersprechen scheinen, dann nicht nur, um die Etappen einer Entdeckung abzustecken.

Dieses von Freud als *proton pseudos* bezeichnete Erklärungsschema behält in unseren Augen einen beispielhaften Wert im Hinblick auf die Bedeutung der menschlichen Sexualität, und zwar gerade wegen der Schwierigkeit, die es für das Denken beinhaltet. Es bringt nämlich zwei entscheidende Aussagen ins Spiel. Zum einen – erste Zeit – dringt die Sexualität buchstäblich von außen ein, bricht in eine vermeintlich unschuldige »Kinderwelt« ein, um sich dort wie ein Naturereignis einzukapseln, ohne eine Abwehrreaktion hervorzurufen: Das Ereignis selbst ist nicht pathogen. Zum anderen wird – in der zweiten Zeit–, nachdem der Ansturm der Pubertät das physiologische Erwachen der Sexualität ausgelöst hat, Unlust erzeugt und der Ursprung dieser Unlust wird in der Erinnerung an das erste Ereignis gesucht, einem Ereignis von außen, das sich in ein Ereignis von innen verwandelt hat, in einen inneren »Fremdkörper«, der diesmal aus dem Inneren des Subjekts hereinbricht.

Bereits in den *Studien über Hysterie* findet man den Gedanken, dass sich das psychische Trauma nicht auf die ein einziges Mal erlittenen Wirkungen eines äußeren Ereignisses auf einen Organismus reduzieren lässt:

»[...] der kausale Zusammenhang des veranlassenden psychischen Traumas mit dem hysterischen Phänomen ist nicht etwa von der Art, daß das Trauma

> als *agent provocateur* das Symptom auslösen würde, welches dann, selbständig geworden, weiter bestände. Wir müssen vielmehr behaupten, daß das psychische Trauma, respektive die Erinnerung an dasselbe, nach Art eines Fremdkörpers wirkt, welcher noch lange Zeit nach seinem Eindringen als gegenwärtig wirkendes Agens wirken muß, und wir sehen den Beweis hierfür in einem höchst merkwürdigen Phänomen, welches zugleich unseren Befunden ein bedeutendes *praktisches* Interesse verschafft« (Freud, 1895d, S. 85).

Eine erstaunliche Art, das Problem des Traumas zu lösen; ist es ein Zufluss an äußerer Erregung, so fragt man sich, die das Subjekt nach dem Vorbild eines physischen Einbruchs traumatisiert? Oder ist es im Gegenteil die innere Erregung, der Trieb, die das Subjekt in Ermangelung eines Ventils in einen »Zustand der Hilflosigkeit«[8] versetzt? Nun, mit der Verführungstheorie kann man sagen, dass das vollständige Trauma zugleich von außen und von innen kommt. Von außen, weil die Sexualität vom *Anderen* aus beim Subjekt ankommt[9], von innen, weil es aus diesem verinnerlichten Äußeren entspringt, aus der »Reminiszenz«, an der, einer schönen Formulierung zufolge, »der Hysterische leidet« [vgl. Freud, 1895d, S. 86; A. d. Ü.], und in der wir bereits die Phantasie erkennen.

Sicher ist dies eine verführerische Lösung, die aber in sich zusammenzufallen droht, sobald man den Sinn beider Ausdrücke etwas verschiebt: das Außen in Richtung Ereignis und das Innen in Richtung Endogenes und Biologisches.

Wir dagegen wollen versuchen, das Beste aus der Verführungstheorie zu machen und das an ihr zu retten, was am weitreichendsten ist. Es geht dabei um Freuds ersten und einzigen Versuch, zwischen der Verdrängung und der Sexualität eine intrinsische Beziehung herzustellen[10]. Als gemeinsame Quelle dieser Beziehung findet er keinen »Inhalt«, sondern zeitliche Eigenheiten der menschlichen Sexualität, die aus ihr das bevorzugte Feld einer Dialektik zwischen dem Zuviel und dem Zuwenig an Erregung,

8 Diese Problematik wird in Arbeiten wie *Jenseits des Lustprinzips* und *Hemmung, Symptom und Angst* von Freud oder das *Trauma der Geburt* von Rank wiederaufgenommen.

9 »Die Hysterie spitzt sich mir immer mehr zu als Folge von Perversion des *Verführers;* die Heredität immer mehr als Verführung durch den Vater« (Freud im Brief 52/112, 1986 [1985b], S. 222; Kursivierung durch Laplanche & Pontalis; A. d. Ü.).

10 An dieser Verknüpfung hat er zeitlebens festgehalten (vgl. Freud, 1940a, S. 75f.).

dem Zufrüh und Zuspät des Ereignisses machen: »[…] hier ist die einzige Möglichkeit verwirklicht, daß eine Erinnerung nachträglich stärker entbindend wirkt, als das ihr entsprechende Erlebnis gewirkt hatte« (Freud, 1986 [1985b], S. 170). Daher das Auseinanderfallen des Traumas in zwei Zeiten: Das psychische Trauma lässt sich nur verstehen, wenn es von etwas bereits Vorhandenem [d'un déjà-là] ausgeht: der Reminiszenz der ersten Szene.

Wie soll man sich nun die Entstehung dieses bereits Vorhandenen vorstellen? Wie konnte die erste »präsexuell-sexuelle« Szene für das Subjekt Bedeutung annehmen? Aus einer Perspektive, die die zeitliche Dimension auf eine Chronologie zu reduzieren sucht, muss man entweder von einer unendlichen Regression ausgehen, der gemäß jede Szene einen sexuellen Wert nur durch das Hervorrufen einer früheren Szene erhält, ohne die sie ganz einfach *nichts* für das Subjekt gewesen wäre, oder man muss sich willkürlich auf eine erste »Szene« festlegen, auch wenn sie nur schwer greifbar ist.

Sicher ist es eine Illusion, von einer unschuldigen Kinderwelt auszugehen, in der die Sexualität von außen durch einen perversen Erwachsenen eingeführt würde! Eine Illusion oder vielmehr ein Mythos, der seinem Wesen nach in sich widersprüchlich ist. Man muss sich gleichzeitig ein Kind vor der Zeit vorstellen, einen »guten« Wilden und eine Sexualität, die – zumindest an sich – schon vorhanden ist, damit sie auch geweckt werden kann; man muss den Einbruch eines Außen in ein Innen versöhnen mit der Idee, dass es vor diesem Einbruch vielleicht gar kein Innen gegeben hat, die Passivität einer erlebten Bedeutung mit einem Minimum an eigener Aktivität, ohne das die Erfahrung nicht hätte gemacht werden können, die Gleichgültigkeit der Unschuld mit dem Ekel, den die Verführung sicherlich hervorruft. Kurzum, ein Subjekt vor dem Subjekt, das sein Wesen, sein sexuelles Wesen von einem Außen empfängt, und zwar vor der Unterscheidung innen – außen.

40 Jahre später wird Ferenczi die Verführungstheorie erneut aufgreifen und ihr eine ähnliche Wichtigkeit zuschreiben (Ferenczi, 1983 [1933]). Sicherlich sind seine Formulierungen weniger rigoros als diejenigen Freuds, aber ihnen kommt das Verdienst zu, den Mythos um zwei wesentliche Elemente zu ergänzen: Jenseits, aber auch mittels der Tatsachen wird vom Erwachsenen eine neue »Sprache«, die Sprache der »Leidenschaft«, in die kindliche »Sprache der Zärtlichkeit« eingeführt. Andererseits ist diese Sprache der Leidenschaft auch die Sprache des Wunsches [désir], und insofern notwendigerweise vom Verbot, von Schuld und Hass gekennzeichnet, eine Sprache zudem, in die das an die orgiastische Lust gekoppelte Gefühl

der Vernichtung Eingang gefunden hat. Die von Gewalt geprägte Phantasie der Urszene bezeugt beim Kind eine regelrechte Introjektion des Erotismus des Erwachsenen.

> Von Anfang an lehnte Freud die banale These ab, wonach die durch die Sexualität hervorgerufene Unlust auf ein rein äußerliches Verbot zurückzuführen sei. Ob »inneren« oder »äußeren« Ursprungs, immer gehen Wunsch und Verbot Hand in Hand.

> »Tief in psychologische Rätsel führt nun die Erkundigung, woher die Unlust stamme, die durch vorzeitige Sexualreizung entbunden werden soll, ohne die doch eine Verdrängung nicht zu erklären ist. Die nächstliegende Antwort wird sich darauf berufen, daß Scham und Moralität die verdrängenden Kräfte sind, und daß die natürliche Nachbarschaft der Sexualorgane unfehlbar beim Sexualerlebnis auch Ekel erwecken muß. [...] Ich glaube nicht, daß die Unlustentbindung bei Sexualerlebnissen Folge von zufälliger Beimengung gewisser Unlustmomente ist. [...] Meine Meinung ist, es muß eine unabhängige Quelle der Unlustentbindung im Sexualleben geben; ist diese einmal da, so kann sie Ekelwahrnehmungen beleben, der Moral Kraft verleihen u. dgl.« (Freud, 1986 [1985b], S. 170f.).

Genau wie Freud 1895 neigt Ferenczi dazu, diesen Vorgang des Eindringens chronologisch anzuordnen und von einem Kind vor der Verführung auszugehen. Umgekehrt könnte man versucht sein, das Problem ein für alle Male abzuschließen, indem man sich auf seine mythische Dimension beruft: Die Verführung wäre ein Mythos, der Mythos vom Ursprung der Sexualität durch Introjektion des Wunsches, der Phantasie und der »Sprache« des Erwachsenen. Die Beziehung des Mythos zur Zeit (zum Ereignis), die im Mythos selbst erwähnt wird, ist gleichsam in ihn eingebunden. Aber wie könnte man es dabei bewenden lassen? Dieser Mythos (oder diese Phantasie) des Eindringens der Phantasie (oder des Mythos) in das Subjekt muss selbst dem Organismus, bzw. dem Menschenkind, in der Zeit zustoßen, und zwar in Abhängigkeit von gewissen Eigenschaften seiner biologischen Entwicklung, an der sich bereits das Zuviel und das Zuwenig, das Zufrüh (der Geburt) und das Zuspät (der Pubertät) ablesen lassen.

Im Laufe des Jahres 1897 gibt Freud seine Verführungstheorie auf. Am 21. September schreibt er an Fließ: »Und nun will ich Dir sofort das große Geheimnis anvertrauen, das mir in den letzten Monaten langsam gedämmert hat. Ich glaube an meine *Neurotica* nicht mehr« (Freud, 1986 [1985b], S. 283; Kursivierung durch Laplanche & Pontalis; A.d.Ü.). Er führt eine Reihe von Argumenten an. Sachliche Argumente: die Unmöglichkeit, die Analysen zu ihrem Abschluss zu bringen, das heißt zum ersten pathogenen Ereignis vorzudringen; sogar in Bezug auf die tiefsten Psychosen – das heißt, da wo das Unbewusste besonders zugänglich erscheint – wird des Rätsels Lösung nicht preisgegeben. Und auch rechtliche Argumente: Man müsste die Perversion des Vaters über die faktischen Fälle von Hysterie hinaus verallgemeinern, weil für ihr Zustandekommen noch andere Faktoren eine Rolle spielen. Andererseits, und dieser Punkt interessiert uns besonders, gilt, »daß es im Unbewußten ein Realitätszeichen nicht gibt, so daß man die Wahrheit und die mit Affekt besetzte Fiktion nicht unterscheiden kann« (Freud, 1986 [1985b], S. 284). Es zeichnen sich also zwei Lösungen ab: in den infantilen Phantasien bloß die nach rückwärts gerichtete Wirkung einer Rekonstruktion zu sehen, die der Erwachsene vollziehe (daraus wurde dann die Jung'sche Auffassung vom sogenannten *Zurückphantasieren**, die Freud von Anfang an ablehnt); oder auf die Annahme einer hereditären Disposition zurückzugreifen. Wenn diese zweite Möglichkeit – von der Freud zugibt, dass er sie immer »verdrängt« hatte – an Boden gewinnt, dann vor allem deshalb, weil die Suche nach dem ersten Ereignis in eine Sackgasse geführt hat; aber auch deshalb, weil Freud es in diesem Moment der Verwirrung nicht gelingt, das Positive der Verführungstheorie jenseits eines Realismus des datierbaren Ereignisses herauszustellen. Entzieht sich das Ereignis, so wird der andere Pol der Alternative – die Konstitution – rehabilitiert. Weil sich das Reale [le réel] auf eine bestimmte Weise nicht aufspüren lässt und als bloße »Fiktion« erweist, muss man anderswo ein Reales suchen, das diese Fiktion untermauert.

Wenn sich die Historiker der Psychoanalyse auf die offizielle Version Freuds berufen und behaupten, dass die Aufgabe der Verführungstheorie nach eingehender Prüfung den Weg frei gemacht habe für die Entdeckung der infantilen Sexualität, vereinfachen sie eine Entwicklung, die weitaus vieldeutiger war. Für einen zeitgenössischen Psychoanalytiker, für Kris ebenso wie für uns, ist die infantile Sexualität nicht vom Ödipuskomplex zu trennen. Und es stimmt auch, dass gleichzeitig zur Aufgabe der Verführungstheorie im Briefwechsel mit Fließ drei Themen vorherrschend werden: die infantile Sexualität, die Phantasie, Ödipus. Doch der entscheidende Punkt liegt darin, wie sie miteinander verknüpft werden. Und was sehen wir? Auf den Wegfall des realen Traumas und einer Verführungsszene, die tatsächlich stattgefunden hätte, folgt nicht Ödipus[11], sondern die Beschreibung einer spontanen, sich im Wesentlichen endogen entwickelnden infantilen Sexualität. Entwicklungsstadien, Fixierungen begriffen als Entwicklungshemmung, genetische Regression: Das ist zumindest eine der Perspektiven, die die *Drei Abhandlungen zur Sexualtheorie* anbieten, deren zweites Kapitel über »Die infantile Sexualität« weder den Ödipus noch die Phantasie thematisiert. Ein zur gleichen Zeit wie die erste Ausgabe der *Drei Abhandlungen* erschienener Aufsatz ist in dieser Hinsicht aufschlussreich: Freud kann dort von seinen »Ansichten über die Rolle der Sexualität in der Ätiologie der Neurosen« sprechen, ohne auch nur *ein Wort* zum Ödipus zu verlieren. Die sexuelle Entwicklung des Kindes wird hier als endogen definiert, bestimmt durch die sexuelle Konstitution:

> »Mit dem Rücktritt der akzidentellen Einflüsse des Erlebens mußten die Momente der Konstitution und Heredität wieder die Oberhand behaupten, aber mit dem Unterschiede gegen die sonst herrschende Anschauung, daß bei mir die ›sexuelle Konstitution‹ an die Stelle der allgemeinen neuropathischen Disposition trat« (Freud, 1906a, S. 154f.).

Man wird jedoch einwenden, dass Freud sehr wohl auch 1897, genau dann also, als er die Verführungstheorie aufgibt, in seiner Selbstanalyse den Ödipuskomplex entdeckt. Freilich sollte man Folgendes bedenken: Obwohl er von Anfang an in seiner Bedeutung erkannt wurde, wird der Ödipuskomplex in Freuds Werk 20 Jahre lang nur eine Existenz am Rande der theoretischen Synthesen führen; er wird zum Beispiel gerne in ein gesondertes Kapitel über die Objektwahl in der Pubertät *(Drei Abhandlungen)* oder über »typische Träume« *(Die Traumdeutung)* gesteckt. Denn nach unserem Dafürhalten ist die Entdeckung des Ödipus 1897 weder der Grund für die Aufgabe der Verführungstheorie noch dasjenige, wofür ihr Platz gemacht wurde. Ödipus war vielmehr bereits in der Verführungstheorie auf »wilde« Weise entdeckt worden und wäre beinahe gemeinsam mit ihr verloren gegangen zugunsten eines biologischen Realismus.

11 Und es wäre einfach zu zeigen, dass Freud sein ganzes Leben lang immer auf der faktischen Realität der Verführung bestanden hat.

Übrigens wird Freud selbst sehr viel später anerkennen, was positiv und vielversprechend an der Verführungstheorie war: »Ich war da zum erstenmal mit dem *Ödipus-Komplex* zusammengetroffen« (Freud, 1925d, S. 60), oder:

> »Ich mußte endlich zur Einsicht kommen, daß diese Berichte [über die Verführung durch den Vater] unwahr seien, und lernte so verstehen, daß die hysterischen Symptome sich von Phantasien, nicht von realen Begebenheiten ableiten. Später erst konnte ich in dieser Phantasie von der Verführung durch den Vater den Ausdruck des typischen Ödipuskomplexes beim Weibe erkennen«[12] (ebd., S. 128).

Als Freud einerseits den in der Verführungstheorie enthaltenen Gedanken eines »Fremdkörpers« verloren geht, der die Marke der menschlichen Sexualität im Inneren des Subjekts einführt, und er andererseits auf die Tatsache stößt, dass der Sexualtrieb nicht die Pubertät abwartet, um aktiv zu werden, sieht es eine Zeitlang so aus, als ob es ihm nicht gelingen würde, Ödipus und infantile Sexualität miteinander zu verknüpfen. Wenn diese existiert, wie die Beobachtung und die Klinik unwiderlegbar zeigen, kann sie nur als biologische Realität *aufgefasst* werden, und die Phantasie ist dann nichts weiter als der nachgeordnete Ausdruck dieser Realität. Die Szene, in der das Subjekt beschreibt, wie es von einem älteren Kameraden verführt wird, ist tatsächlich nur eine doppelte Verkleidung: Eine reine Phantasie wird in eine echte Erinnerung verwandelt, eine spontane sexuelle Aktivität als eine passive Szene ausgegeben.[13] Man hat dann kaum noch einen Grund, der Phantasie eine psychische Realität zuzuerkennen – in dem starken Sinne, den Freud diesem Ausdruck manchmal zu geben vermochte –, denn die Realität wird voll und ganz einer endogenen Sexualität *übertragen*, und die Phantasien wären nurmehr rein imaginäre Erscheinungsformen davon.

Mit der Aufgabe der Verführungstheorie geht etwas verloren: In die Verbindung und in das zeitliche Spiel der beiden »Szenen« war eine vorsubjektive Struktur eingebettet, jenseits des punktuellen Ereignisses und der

12 Und nicht mehr: Ausdruck der spontanen, biologischen sexuellen Aktivität des Kindes.

13 »[…] Ich [habe] seitdem gelernt […], so manche Verführungsphantasie als Abwehrversuch gegen die Erinnerung der eigenen sexuellen Betätigung (Kindermasturbation) aufzulösen« (Freud, 1906a, S. 153).

inneren Bilder. Gefangen in einer Reihe von theoretischen Alternativen: Subjekt – Objekt, Konstitution – Ereignis, intern– extern, imaginär – real, neigt Freud eine Zeitlang dazu, den jeweils ersten Pol dieser »Gegensatzpaare« höher zu bewerten.

Damit kämen wir also zu dem folgenden Paradox: Genau in dem Augenblick, in dem das psychoanalytische Objekt par excellence, die Phantasie, entdeckt wird, droht es schon wieder sein eigentliches Wesen zu verlieren zugunsten einer endogenen Realität, der Sexualität, die ihrerseits mit einer normativen und verbietenden äußeren Realität kämpft, die ihr Verkleidungen aufnötigt. Wir hätten nun also die Phantasie gewonnen – im Sinne von imaginärer Produktion –, aber die Struktur verloren. Umgekehrt hatten wir mit der Verführungstheorie, wenn nicht die These, so zumindest die *Intuition* der Struktur (denn die Verführung erschien als eine quasi universelle Gegebenheit, jedenfalls als etwas, das über das Ereignis und gleichsam über seine Akteure hinauswies), doch blieben die bei der Ausarbeitung der Phantasie tätigen Kräfte unbekannt, wurden jedenfalls unterschätzt.

»Ich lese abends Prähistorie«

Man würde sich auf eine ziemlich einseitige Sichtweise beschränken, wenn man die Entwicklung des Freud'schen Denkens um 1897 wie folgt begrenzen würde: Übergang von einer historischen Grundlage des Symptoms zu einer letzten Endes biologischen Theorie, die in folgender Kausalreihe zusammenzufassen ist: sexuelle Konstitution → Phantasie → Symptom. Freud macht sich diese Theorie erst dann vollständig zu eigen, als er sich gezwungen sieht, seine ätiologischen »Ansichten« auf systematische Weise darzustellen. Wenn man, was hier nicht unsere Absicht ist, die Geschichte des Freud'schen Denkens Schritt für Schritt verfolgen wollte, müsste man in dieser zentralen Zeitspanne mindestens zwei andere Strömungen unterscheiden.

Die eine schöpft ihre Kraft aus dieser neuen Entdeckung der Phantasie, wie sie sich seit 1896 abzeichnet: Die Phantasie ist nicht nur Material für die Analyse, ob sie sich nun von Anfang an (wie im Tagtraum) als Fiktion zu erkennen gibt oder ob (wie bei der Deckerinnerung) ihr Status als Konstruktion entgegen allem Anschein erst bewiesen werden muss; sie ist auch ein Resultat der Analyse, ein Endpunkt, ein latenter Inhalt, der hinter dem Symptom zutage zu fördern ist. Vom *Erinnerungssymbol* des Traumas wird das Symptom dann zur *Inszenierung von Phantasien* (so könnte man hinter dem Symptom der Agoraphobie eine Prostitutionsphantasie, »auf den Strich zu gehen« finden).

Freud beginnt nun das Feld dieser Phantasien zu erforschen, ihr Inventar zusammenzustellen, ihre typischsten Formen zu beschreiben. Von zwei Seiten gleichzeitig erfasst, als manifeste Gegebenheit und als latenter Inhalt, am Schnittpunkt zweier gegensätzlicher Zugangsweisen, nimmt die Phantasie in der Erfahrung die Konsistenz eines Objekts an, nämlich das des spezifischen Objekts der Psychoanalyse. Die Analyse wird von nun an *bei* der Phantasie als »psychischer Realität« *bleiben*, wird ihre Varianten erforschen und vor allem ihre Prozesse und ihre Struktur analysieren. Zwischen 1897 und 1906 erscheinen all die großen Werke, die die Mechanismen des Unbewussten, das heißt die Transformationen (in dem Sinne, wie man diesen Ausdruck in der Geometrie verwendet) der Phantasie herausarbeiten: *Die Traumdeutung*, *Zur Psychopathologie des Alltagslebens*, *Der Witz und seine Beziehung zum Unbewußten*.

Aber, und dies ist für uns die dritte Strömung, es gibt innerhalb der Freud'schen Forschung wie auch innerhalb der psychoanalytischen Kur von Anfang an eine regressive Neigung hin zum Ursprung, hin zur Grundlage des Symptoms und der neurotischen Organisation der Person. Selbst wenn sich die Phantasie als ein autonomes, in sich konsistentes, erforschbares Feld erweist, bleibt die Frage nach ihrem eigenen Ursprung unangetastet, nicht nur des Ursprungs ihrer Struktur, sondern auch ihres Inhalts, ihrer ganz konkreten Einzelheiten. In diesem Sinne hat sich nichts geändert, und die chronologische Suche, das Zurückgehen in der Zeit hin zu den ersten, realen und überprüfbaren *Elementen* gibt der Freud'schen Forschungspraxis weiterhin ihre Zielrichtung.

1899 schreibt er über einen seiner Patienten: »Tief unter allen Phantasien verschüttet fanden wir eine Szene aus seiner Urzeit (vor [dem Alter von] 22 Monaten) auf, die allen Anforderungen [exigences] entspricht und in die alle übrig gelassenen Rätsel einmünden« (Freud, Brief 126/229, 1986 [1985b], S. 430). Und ein wenig später finden sich diese Zeilen, in denen sich eine leidenschaftliche Forschung zeigt, die vor nichts Halt macht und die zielbewusst, nötigenfalls im Rückgriff auf Dritte die Richtigkeit der Untersuchung überprüft:

> »Ich lese abends *Prähistorie u. dgl. ohne ernste Absicht* [...]. Bei E. kommt die zweite echte Szene, durch Jahre vorbereitet, sogar eine, die sich durch Nachfragen bei seiner älteren Schwester vielleicht wird objektiv bestätigen lassen. Dahinter naht etwas Drittes, lang Vermutetes« (Freud, 1986 [1985b], S. 434; Kursivierung durch Laplanche & Pontalis; A. d. Ü.).

Diese Szenen der Urzeit, diese *echten Szenen*, bezeichnet Freud dann als *Urszenen**. Bekanntlich wird dieser Ausdruck später für die Beobachtung des elterlichen Koitus vorbehalten sein, bei dem das Kind dabei gewesen sein soll. Ziehen wir dafür aus der »Geschichte einer infantilen Neurose« (1918b) die Diskussion über die Beziehungen zwischen dem pathogenen Traum und der ihm zugrunde liegenden Urszene heran. Liest man die Vorbemerkungen zum klinischen Bericht – »Diese Krankengeschichte ist kurz nach Abschluß der Behandlung im Winter 1914/15 niedergeschrieben worden [...]« (Freud, 1918b, S. 29, A. 1) –, so ist man beeindruckt von der leidenschaftlichen Überzeugung, die Freud, wie ein Detektiv auf der Lauer, dazu bringt, die Wirklichkeit der Szene dadurch zu beweisen, dass er sie bis in ihre kleinsten Einzelheiten rekonstruiert. Ist nicht die Tatsache, dass sich ein solches Anliegen noch so lange nach der »Aufgabe« der Verführungstheorie hält, der Beweis dafür, dass Freud sich nie damit abgefunden hat, die »Szenen« mit *rein* imaginären Erfindungen gleichzusetzen? Nachdem die Frage im Hinblick auf die Verführungsszene beiseitegeschoben worden war, taucht sie in identischen Worten 20 Jahre später im Zusammenhang mit dem vom Wolfsmann beobachteten elterlichen Koitus wieder auf. Die Entdeckung der infantilen Sexualität hat im Denken Freuds niemals dazu geführt, dass das fundamentale Schema, das der Verführungstheorie zugrunde lag, seine Gültigkeit verliert: Immer wieder beruft er sich auf denselben Prozess einer »nachträglichen« Wirksamkeit; und wir finden die zwei Ereignisse (hier die Szene und den Traum) zeitlich voneinander getrennt wieder, wobei das erste unverstanden bleibt und quasi ausgeschlossen im Inneren des Subjekts, um dann, ausgearbeitet in einer zweiten Phase, wieder aufgegriffen zu werden. Dass das Ganze in die ersten Jahre der Kindheit verlegt wird, ändert nichts Wesentliches am theoretischen Modell.

Zwischen dem Freud'schen Schema der *Nachträglichkeit* und dem von Lacan herausgearbeiteten psychotischen Mechanismus der *Verwerfung* [forclusion] gibt es eine offensichtliche Ähnlichkeit: Das, was nicht ins Symbolische Eingang findet (das, was »verworfen« wurde), erscheint (als Halluzination) im Realen wieder. Diese Nicht-Symbolisierung ist nun genau die erste von Freud beschriebene Phase. Da Lacan und Freud ihre Theorie am Fall des Wolfsmanns illustrieren, könnte man sich fragen, ob Lacan nicht das als spezifisch psychotisch angesehen hat, was in Wirklichkeit ein ganz allgemeiner Prozess ist, oder ob Freud nicht die Ausnahme für die Regel genommen hat, als er seine Beweisführung auf einen erwiesenen Fall einer Psychose stützte.

Tatsächlich wird Freuds Beweisführung dadurch erleichtert, dass die Urszene in diesem Fall sehr wahrscheinlich tatsächlich stattgefunden hat. Aber man kann sich auch vorstellen, dass das Fehlen einer für die erste Phase charakteristischen subjektiven Bearbeitung oder Symbolisierung nicht zwangsläufig mit einer wirklich erlebten Szene zusammenhängt. Dieser »Fremdkörper«, der im Inneren ausgeschlossen sein wird, entsteht beim Subjekt in den allermeisten Fällen nicht durch die Wahrnehmung einer Szene, sondern durch das elterliche Begehren [désir] und die es unterstützende Phantasie. Eben dies wäre der typisch neurotische Fall: In einer »ersten Phase« (die nicht verortbar wäre, weil sie in die Reihe von Momenten des Übergangs zum Autoerotismus zerfällt; siehe unten unser Kapitel »Die Zeit des ›auto‹: Ursprung der Sexualität«) würde sich ein »präsymbolisch Symbolisches« (um Freud zu paraphrasieren) im Subjekt isolieren; in einer zweiten Phase würde es nachträglich wieder von ihm aufgenommen, »symbolisiert«. In der Psychose würde in der ersten Phase ein unbearbeitetes Reales [un réel brut] eingerichtet, das offenkundig nicht vom Subjekt symbolisiert wurde und das auch bei jedem späteren Symbolisationsversuch einen nicht weiter auflösbaren Kern bewahrte. Von daher erklärt sich in diesem Fall das Scheitern, ja der katastrophische Charakter der zweiten Phase.

Genau auf diesem Weg könnte man versuchen, den Unterschied zwischen der (Ur-)Verdrängung und diesem psychotischen Mechanismus zu erfassen, den Freud sein ganzes Werk hindurch zu fassen versucht hat (insbesondere mit der Bezeichnung *Verleugnung** [deni]) und den Lacan Verwerfung [forclusion] nannte.

Bekanntlich hat Freud vor der Veröffentlichung seines Manuskripts 1917 zwei lange Diskussionen hinzugefügt, die zeigen, wie sehr er durch die Jung'sche These vom *Zurückphantasieren** [fantasme rétroactif] verunsichert worden war. Er räumt ein, dass die Szene, die ja das Ergebnis einer Rekonstruktion in der Analyse ist, sehr wohl vom Subjekt selbst hätte konstruiert worden sein können, behauptet aber nicht weniger nachdrücklich, dass die Wahrnehmung zumindest *Indizien* geliefert habe, und sei es auch nur eine Kopulation von Hunden ...

Doch vor allem führt Freud genau in dem Moment, in dem er zurückzustecken scheint in Bezug auf die Stütze *des Bodens der Realität*, der sich bei der Untersuchung als allzu brüchig erweist, einen neuen Begriff ein, den der *Urphantasien**[14]. Hier sehen wir, wie die Forderung nach einer Grund-

14 *Urszene**, *Urphantasie**: Es ist immer dasselbe Präfix *Ur**. Man findet es noch in anderen Freud'schen Ausdrücken, insbesondere in *Urverdrängung**. In all diesen Ausdrücken hätten wir es im Französischen gerne in ein und derselben Weise mit dem Wort *origi-*

legung wirklich umgewandelt wird: Da es sich als unmöglich erweist zu bestimmen, ob es sich bei der Urszene um ein Erlebnis des Subjekts oder um eine Fiktion handelt, muss man das, worauf die Phantasie in letzter Instanz gründet, in ein Diesseits verlegen, in etwas, das zugleich das individuelle Erlebte und das Vorgestellte transzendiert.

Auch für uns gewinnt also die Wendung von 1897 im Freud'schen Denken erst *nachträglich* ihre volle Bedeutung. Dem Anschein nach hat sich nichts geändert: Dieselbe Suche nach einer wirklich ersten Realität geht weiter, dasselbe Schema einer Dialektik zwischen zwei aufeinanderfolgenden historischen Ereignissen wird wiederholt; und als ob Freud nichts dazugelernt hätte, stellen sich auch dieselben Enttäuschungen ein – angesichts der Tatsache, dass sich das allerletzte Ereignis, die »Szene« entzieht. Doch parallel dazu, begünstigt durch die von uns so genannte zweite Strömung, macht es die Entdeckung des Unbewussten als eines strukturierten Feldes, das rekonstruiert werden kann, weil es selbst Ordnung [agencement], Zersetzung und Neuzusammensetzung von Elementen nach bestimmten Gesetzen ist, möglich, die Suche nach dem Ursprung in einer neuen Dimension zu entfalten.

Im Begriff Urphantasie[15] verbindet sich das, was man als Freuds Wunsch [désir] bezeichnen kann, den felsigen Grund des Ereignisses zu finden (und wenn er sich beim vielfachen Zerlegen und Verkleinern in der Geschichte des Individuums auflöst, muss man einfach weiter gehen) und die Anforderung [exigence], die Struktur der Phantasie selbst auf etwas anderes zu gründen als das Ereignis.

naire wiedergegeben. Doch hat sich der Ausdruck »scène primitive« [für Urszene] in der [französischen] Psychoanalyse eingebürgert. Sollte man besser von »fantasmes primitifs« [Urphantasien], »refoulement primitif« [Urverdrängung] sprechen? Das französische »primitif« hat den Nachteil, allzu sehr die archaische Bedeutung von *Ur** zu betonen, und etwas Einfaches, Unvollständiges, Minderwertiges zu evozieren. In »originaire« [originär, ursprünglich] ist dagegen jene doppeldeutige Verbindung eingeschrieben, die der Titel unseres Essays wiederzugeben versucht.

15 Wenn wir von Begriff [notion] sprechen, könnte man uns Übertreibung vorwerfen. »Urphantasie« gehört sicher nicht zum klassischen Begriffsapparat der Psychoanalyse. Freud verwendet das Wort im Zusammenhang mit einem ziemlich genau umrissenen Problem, dessen Bedeutung wir hier nachzuzeichnen versuchen. Das Wort hat somit vor allem den Wert eines *Hinweises* [valeur d'*index*] und verlangt von daher notwendigerweise nach einer Deutung.

Ur*

Die Urphantasien bilden diesen Schatz »unbewußter Phantasien, die man bei allen Neurotikern, wahrscheinlich bei allen Menschenkindern, durch die Analyse auffinden kann« (Freud, 1915f, S. 242). Allein diese Worte legen nahe, dass sie nicht nur durch ihre empirische Häufigkeit, ja durch ihre Allgemeingültigkeit charakterisiert sind. Wenn »jedesmal die nämlichen Phantasien mit demselben Inhalt geschaffen werden« (Freud, 1916–17a, S. 386), wenn sich hinter der Verschiedenheit der erfundenen Geschichten gewisse »typische« Phantasien[16] entdecken lassen, so liegt dies daran, dass nicht die ereignishafte Geschichte des Subjekts das *primum movens* ist, sondern dass von einem vorgängigen Schema auszugehen ist, das als »Organisator« wirkt.

Um sich über diese Vorgängigkeit klar zu werden, sieht Freud nur ein Mittel: die phylogenetische Erklärung:

> »Es scheint mir sehr wohl möglich, daß alles, was uns heute in der Analyse als Phantasie erzählt wird, die Kinderverführung, die Entzündung der Sexualerregung an der Beobachtung des elterlichen Verkehrs, die Kastrationsdrohung – oder vielmehr die Kastration, – in den Urzeiten der menschlichen Familie einmal Realität [réalité] war« (was *faktische Realität [réalité de fait]* war, wäre demnach *psychische Realität* geworden) »und daß das phantasierende Kind einfach die Lücken der individuellen Wahrheit mit prähistorischer Wahrheit ausgefüllt hat« (ebd., S. 383).

Erneut wird also eine *Realität* unterhalb der Phantasieproduktionen postuliert, doch es geht um ein Reales [réel], für das Freud sofort betont, dass es

16 Dafür interessiert sich Freud schon sehr früh. Vgl. Manuskript M: »Es ist die schönste Hoffnung, die Anzahl und Art der Phantasien ebenso vorher zu bestimmen, wie [es] mit [den] Szenen möglich [ist]« (Freud, 1986 [1985b], S. 265).

einen strukturalen Status hat und autonom ist in Bezug auf die Subjekte, die ihrerseits ganz davon abhängen. Er geht sogar so weit in dieser Richtung, dass er zwischen dem »Schema« und den individuellen Erfahrungen die Möglichkeit einer Diskrepanz für möglich hält, die eine Voraussetzung des psychischen Konflikts sei.[17]

Man ist versucht, in diesem »Realen« [réel], das das Spiel der Phantasie prägt und ihm seine Gesetze aufdrückt, eine Vorwegnahme der »symbolischen Ordnung« zu sehen, wie sie von Lévi-Strauss und Lacan definiert wurde, die deren Ordnungsmacht [agencement] und Wirksamkeit sowohl auf dem Feld der Ethnologie als auch dem der Psychoanalyse aufgezeigt haben. Diese in die Prähistorie des Menschen zurückverlagerten Szenen, deren Handlungsverlauf *Totem und Tabu* nachzeichnen will, und die mit dem *Urmenschen**, dem *Urvater** verknüpft werden, hätte Freud weniger beschworen, um eine Realität wiederzufinden, die sich ihm auf der Ebene der individuellen Geschichte entzieht, als vielmehr um ein Imaginäres zu begrenzen, das sein Organisationsprinzip nicht in sich selbst enthält und das somit nicht den »Kern des Unbewussten« bilden könnte.

Hinter der pseudowissenschaftlichen Maske der Phylogenese, in der Beschwörung der *hereditären Erinnerungsspuren*, sollte man also erkennen, dass Freud die Notwendigkeit spürt, eine Signifikantenorganisation [organisation signifiante] zu postulieren, die der Wirksamkeit des Ereignisses und der Gesamtheit dessen, was Bedeutung hat [l'ensemble du signifié], vorausgeht. In dieser mythischen *Prä-Historie* der Art zeigt sich die Forderung nach einer dem Subjekt selbst nicht zugänglichen Prä-Struktur, die seinen Zugriffen und Initiativen, seiner inneren »Küche« (sei sie auch noch so reich an Zutaten, wie sie sich unsere neuen Hexen ihre Zusammensetzung vorstellen mögen) entkommt. Doch Freud wäre damit seiner eigenen Konzeptualisierung buchstäblich auf den Leim gegangen; er würde in dieser falschen Synthese der in überlieferten hereditären Schemata bewahrten Vergangenheit der menschlichen Art genau den Gegensatz von

17 »Wo die Erlebnisse sich dem hereditären Schema nicht fügen, kommt es zu einer Umarbeitung derselben in der Phantasie, deren Werk im einzelnen zu verfolgen, gewiß nutzbringend wäre. Gerade diese Fälle sind geeignet, uns die selbständige Existenz des Schemas zu erweisen. Wir können oft bemerken, daß das Schema über das individuelle Erleben siegt, so wenn in unserem Falle [dem des *Wolfsmanns*; Laplanche & Pontalis] der Vater zum Kastrator und Bedroher der kindlichen Sexualität wird, trotz eines sonst umgekehrten Ödipuskomplexes. [...] Die Widersprüche des Erlebens gegen das Schema scheinen den infantilen Konflikten reichlichen Stoff zuzuführen« (Freud, 1918b, S. 155).

Ereignis und Konstitution wiederfinden, den er vergeblich zu überwinden versucht hat.

Nun gut. Doch dürfen wir nicht voreilig die »phylogenetische Erklärung« durch eine Deutung strukturalistischen Typs ersetzen. Diesseits der Geschichte des Subjekts verankert, aber zugleich in der Geschichte, Diskurs und symbolische Kette, aber doch von Imaginärem getränkt, Struktur und doch zugleich ausgehend von zufälligen Elementen gebildet – ist die Urphantasie zunächst eine Phantasie und hat als solche bestimmte Merkmale, die es schwer macht, sie mit einem rein transzendentalen Schema gleichzusetzen, auch wenn sie der Erfahrung ihre Möglichkeitsbedingungen bereitstellt.

Wir erheben hier nicht den Anspruch – wie es für eine in sich schlüssige psychoanalytische Theorie erforderlich wäre –, die Frage der Beziehungen zwischen der Ebene der ödipalen Struktur und der der Urphantasien zu behandeln. Dazu müsste man zunächst einmal präzisieren, was man unter ödipaler Struktur versteht. Es sei darauf hingewiesen, dass der strukturale Aspekt des Ödipuskomplexes – sowohl hinsichtlich seiner grundlegenden Funktion als auch in seiner triangulären Form – erst sehr spät von Freud herausgearbeitet worden ist: In den *Drei Abhandlungen* (1905d) taucht er zum Beispiel überhaupt nicht auf. Die sogenannte allgemeine Formulierung des Ödipuskomplexes wird erst in *Das Ich und das Es* (1923b) vorgenommen und die infrage stehende »Verallgemeinerung« kann man nur in einem formalistischen Sinn verstehen: Sie bezeichnet eine begrenzte Reihe von konkreten Positionen im Inneren dieses interpsychologischen Feldes, das durch das Dreieck Vater – Mutter – Kind gebildet wird. Vom Standpunkt der strukturalen Anthropologie aus kann man darin *eine der Modalitäten* des Gesetzes sehen, das den zwischenmenschlichen Austausch regelt; es ist dies ein Gesetz, das in verschiedenen Kulturen in anderen Persönlichkeiten und anderen Formen zum Ausdruck kommt, so kann zum Beispiel die verbietende Funktion des Gesetzes durch eine andere Instanz als den Vater ausgefüllt werden. Wenn der Psychoanalytiker sich eine solche Lösung zu eigen machen würde, würde er sich bewusst werden, dass er dadurch eine grundlegende Dimension seiner Erfahrung verliert: Denn mag das Subjekt auch tatsächlich Teil einer Struktur des Tausches sein, so wird ihm doch diese Struktur durch das elterliche Unbewusste vermittelt; sie ist also

> weniger mit dem System einer Sprache vergleichbar als mit der je einzigartigen Anordnung eines Diskurses.
>
> In der Tat kennzeichnet Freuds Auffassung des Ödipuskomplexes einen bestimmten Realismus: Ob er nun als innerer Konflikt (»Kernkomplex«) oder als soziale Institution dargestellt wird, immer bleibt der Komplex eine Gegebenheit; das Subjekt *trifft auf* ihn: »Jedem menschlichen Neuankömmling ist die Aufgabe gestellt, den Ödipuskomplex zu bewältigen [...]« (Freud, 1905d, S. 127).
>
> Vielleicht ist es diese realistische Auffassung, die Freud dazu gebracht hat, den Begriff der Urphantasie neben dem Ödipuskomplex koexistieren zu lassen, ohne sich die Mühe zu machen, ihr Verhältnis zueinander zu bestimmen: Diesmal trifft das Subjekt nicht auf die Struktur, es wird von ihr getragen, aber wiederholen wir es, im Inneren der Phantasie, das heißt im Innern einer Anordnung von unbewussten Wünschen [désirs], und nicht als Ausdruck einer Kombinatorik.

Der Text, in dem Freud zum ersten Mal *Urphantasien* erwähnt, lässt in dieser Hinsicht keinen Zweifel (Freud, 1915f, S. 242). Er berichtet darin vom Fall einer Paranoikerin, die erklärt, beobachtet und fotografiert worden zu sein, während sie bei ihrem Geliebten schlief; sie wollte da ein kleines »Geräusch« gehört haben (ebd.), den Auslöser des Photoapparats. Hinter dieser Wahnvorstellung stößt Freud auf die Urszene: Das Geräusch ist das Geräusch der Eltern, von dem das Kind aufwacht, und zugleich das Geräusch, durch das sich das lauschende Kind zu verraten fürchtet. Wie ist seine Rolle für die Phantasie einzuschätzen? In gewisser Weise, so sagt uns Freud, ist es nur eine »Provokation«, ein zufälliger Anlass; es aktiviere nur »die typische, im Elternkomplex enthaltene Phantasie von der Belauschung«; doch, wie er sofort richtigstellt, ist es »fraglich, ob wir es als ein ›zufälliges‹ bezeichnen sollen«; es ist »vielmehr ein notwendiges Requisit der Belauschungsphantasie« (ebd.). Tatsächlich reproduziert das von der Patientin beschworene Geräusch[18] in der aktuellen Szene den Hinweis

18 Im Übrigen wäre dies Freud zufolge die Folge einer Projektion. Es handelte sich um ein klitorales *Pochen** [pulsation clitoridienne], das als Geräusch nach außen projiziert werde [»eine Empfindung von Pochen oder Klopfen an der Klitoris. Dies war es dann, was sie nachträglich als Wahrnehmung von einem äußeren Objekt hinausprojizierte« (Freud, 1915f, S. 244); A. d. Ü.]. Die »pulsation de la pulsion«, wie wir mit einem französi-

auf die Urszene, also auf das Element, von dem aus die ganze spätere Phantasiebildung *ihren Ausgang nehmen* konnte. Anders gesagt, *der Ursprung der Phantasie ist in die Struktur der Urphantasie selbst eingebunden.*

In den ersten theoretischen Skizzen zur Frage der Phantasien wertet Freud – auf eine Weise, die seine Leser durchaus aufmerken lassen sollte – besonders die Rolle des Gehörten[19] auf. Ohne den Akzent allzu sehr auf diese fragmentarischen Texte legen zu wollen, in denen Freud vor allem die paranoischen Phantasien im Blick zu haben scheint, muss man sich fragen, warum er das Gehörte so sehr hervorhebt. Unserer Meinung nach kann man zwei Motive dafür finden. Das eine hängt mit dem beteiligten *Sensorium* zusammen: Das Gehörte unterbricht die Kontinuität eines undifferenzierten Wahrnehmungsfeldes und ist gleichzeitig ein Zeichen (das belauschte und wahrgenommene Geräusch in der Nacht), durch das das Subjekt in die Position eines Angesprochenen kommt; insofern verkörpert das Gehörte den Prototyp des Signifikanten, auch wenn er in den anderen sensorischen Bereichen Entsprechungen hat. Aber das Gehörte ist auch – und dies ist das zweite Motiv, auf das Freud in der fraglichen Passage ausdrücklich Bezug nimmt – die Geschichte oder die Legende der Eltern, der Großeltern und Vorfahren: das, was in der Familie *erzählt wird* [le *dit* ou le *bruit* familiale], dieser ausgesprochene oder geheim gehaltene Diskurs [discours], der dem Subjekt vorausgeht und zu dem es hineinkommen und sich verorten muss. Insofern es nachträglich [rétroactivement] als Ausgangspunkt [point d'appel] dieses »Geredes« dienen kann, nimmt dieses kleine Geräusch – oder irgendein anderes diskretes Wahrnehmungselement, das die Funktion eines Indizes, haben kann – diesen Wert an.

Auch in ihrem Inhalt, ihrem *Thema* (Urszene, Kastration, Verführung …) weisen die Urphantasien auf dieses rückwärtige Erfordernis [Postulation] hin: *Sie beziehen sich auf die Ursprünge.* Sie geben wie die Mythen vor, eine Darstellung und eine »Lösung« dessen zu bieten, was dem Kind

---

schen Wortspiel sagen könnten, also das Pochen [pulsation] des Triebes [pulsion], würde eine neue Beziehung heraufbeschwören zwischen dem Pochen, das die Phantasie aktualisiert, und dem Trieb, den die Phantasie ihrerseits an die Oberfläche bringt.

19 »[Die Phantasien sind] hergestellt mittels der Dinge, die *gehört* werden und *nachträglich* verwertet, und kombinieren so Erlebtes und Gehörtes, Vergangenes (aus der Geschichte der Eltern und Voreltern) mit Selbstgesehenem. Sie verhalten sich zum Gehörten wie die Träume zum Gesehenen« (Freud im Manuskript L, 1986 [1985b], S. 255). Und weiter: »Die Phantasien entstehen durch unbewußte Zusammenfügung von Erlebnissen und Gehörtem nach gewissen Tendenzen« (ebd., S. 263).

als eines der großen Rätsel erscheint; sie setzen zum Entstehungszeitpunkt, am Ursprung der Geschichte dramatisch in Szene, was dem Subjekt als eine Realität vorkommt, die nach einer Erklärung, einer »Theorie« verlangt.

Phantasien zu den Ursprüngen: In der Urszene wird der Ursprung des Individuums dargestellt; in den Verführungsphantasien ist es der Ursprung, das Auftauchen der Sexualität; in den Kastrationsphantasien ist es der Ursprung des Geschlechtsunterschieds. In ihrem Thema findet man also, zweifach ausgedrückt, wieder, dass die Urphantasien immer schon da gewesen sind [le statut de déjà-là].

Konvergenz des Themas, der Struktur und zweifellos auch der Funktion: Im Hinweis [indice], den das Wahrnehmungsfeld liefert, in diesem konstruierten Szenario, in der immer wieder neuen Suche nach den Anfängen wird auf der Bühne der Phantasie das aufgeführt, was das Subjekt selbst »urentspringen« lässt« [»origine«[20]].

> Wenn wir uns fragen, was diese Phantasien über die Ursprünge *für uns* bedeuten, dann begeben wir uns auf eine andere Deutungsebene. Wir sehen dann, wie man von ihnen nicht nur sagen kann, dass sie Teil des Symbolischen sind, sondern auch, dass sie durch die Vermittlung eines imaginären Szenarios, das vorgibt diesen Vorgang wieder zu erfassen, die Übersetzung des Symbolischen in die Wege leiten, das selbst in das Reale des Körpers eingeführt wird, wo es seine Wurzeln hat [le plus radicalement instituant dans le réel du corps]. Was stellt die Urszene für uns dar? Die Verknüpfung zwischen der biologischen Tatsache der Empfängnis (und der Geburt) und der symbolischen Tatsache der Abstammung, zwischen dem »wilden Akt« des Koitus und der Existenz eine Triade Mutter – Kind – Vater. In den Kastrationsphantasien ist die Verknüpfung real – symbolisch noch offensichtlicher. Und fügen wir in Bezug auf die Verführung hinzu, dass Freud, wie wir glauben gezeigt zu haben, nicht nur deshalb, weil er auf viele wirkliche Verführungsfälle gestoßen ist, aus einer Phantasie eine wissenschaftliche Theorie machen konnte, bei der er schließlich durch diesen Umweg die eigentliche Funktion der Phantasie entdeckte; vielmehr suchte er herauszufinden, wie die Sexualität ursprünglich zum Menschenkind kommt.

20 [Ableitung eines im Französischen nicht vorhandenen Verbs *originer* aus dem Substantiv *origine* »Ursprung«; A. d. Ü.]

Ein Szenario mit vielfältigen Auftritten

Nachdem die Phantasie auf den unterschiedlichsten Ebenen der psychoanalytischen Erfahrung wiedergefunden, vorgegeben, interpretiert, rekonstruiert und postuliert worden war, stellte sich zwangsläufig das schwierige Problem ihres metapsychologischen Status und zuallererst ihrer topischen Zugehörigkeit innerhalb der Unterscheidung zwischen den Systemen unbewusst, vorbewusst und bewusst.

Gewisse Strömungen der gegenwärtigen Psychoanalyse (vgl. Isaacs, 2016) haben versucht, die Frage beiseitezuschieben, indem sie die Unterscheidung in die Theorie übertrugen, die sich in der Praxis aufzudrängen scheint: zwischen einer Phantasie, die sich der Deutung darbietet, und einer Phantasie, auf die die analytische Deutungsarbeit hinführt. Freud würde zu Unrecht mit ein und demselben Ausdruck, *Phantasie**, zwei völlig verschiedene Realitäten bezeichnen: auf der einen Seite die unbewusste *Phantasie** »als primärer Inhalt unbewußter psychischer Prozesse« (Isaacs, 2016, S. 549), auf der anderen die bewussten oder bewusstseinsnahen Vorstellungswelten [imaginations], für die der Tagtraum das typische Beispiel wäre. Dieser wäre nichts anderes als ein manifester Inhalt wie andere auch; er hätte keine privilegiertere Beziehung zur unbewussten *Phantasie** als der Traum, als Verhaltensweisen und als all das, was wir allgemein das »Material« nennen: Wie alles manifest Gegebene würde er eine Deutung mit Bezug auf die unbewusste *Phantasie** verlangen. Es wurde also zur Behebung dieser unglücklichen Verwirrung vorgeschlagen, durch verschiedene Schreibweisen die bewussten »Fantasien [fantasy] vom Typ Tagtraum« von den unbewussten »Phantasien« [phantasy] zu unterscheiden. Doch handelt es sich dabei wirklich um einen großen Fortschritt, das Resultat eines halben Jahrhunderts Psychoanalyse, wie manchmal gesagt wird? Versuchen wir diesen »Fortschritt« mit der *Inspiration* und dem *Fortschreiten* des Freud'schen Denkens zu vergleichen.

Zunächst zur Inspiration des Freud'schen Denkens: In seiner Beharrlichkeit, denselben Ausdruck *Phantasie** bis zum Ende seines Werkes zu verwenden, obwohl er sehr früh die Entdeckung macht, dass diese *Phantasien** sowohl unbewusst als auch bewusst sein können, will Freud eine tiefe Verwandtschaft zum Ausdruck bringen:

> »Die klar bewußten Phantasien der Perversen, die unter günstigen Umständen in Veranstaltungen umgesetzt werden, die in feindlichem Sinne auf andere projizierten Wahnbefürchtungen der Paranoiker und die unbewußten Phantasien der Hysteriker, die man durch Psychoanalyse hinter ihren Symptomen aufdeckt, fallen inhaltlich bis in einzelne Details zusammen« (Freud, 1905d, S. 65, A. 1).

Damit ist gesagt, dass in den so verschiedenen imaginären Bildungen und psychopathologischen Strukturen, wie Freud sie hier aufzählt, ein und derselbe Inhalt, ein und dieselbe Anordnung angetroffen werden kann, ob sie nun bewusst oder unbewusst sind, agiert oder repräsentiert werden, ob die Zeichen verändert werden oder nicht und ob die Personen ausgetauscht werden oder nicht.

Eine solche Behauptung (1905) stammt nicht von einem – nennen wir ihn – Proto-Freud. Sie ist vor allem in der Zeit von 1906 bis 1909 zentral, als die Phantasie zu vielfältigen Untersuchungen Anlass bietet.[21] In dieser Zeit wird ihre unbewusste Wirksamkeit voll anerkannt, sie liegt zum Beispiel dem hysterischen Anfall zugrunde und wird durch ihn symbolisiert. Freud geht allerdings von der bewussten Phantasie, vom Tagtraum aus, er verwendet sie nicht nur als Paradigma, sondern auch als Quelle. Diese hysterischen Phantasien lassen »wichtige Beziehungen zur Verursachung der neurotischen Symptome erkennen« (handelt es sich dabei nicht um unbewusste Phantasien?). »Gemeinsame Quelle und normales Vorbild all dieser phantastischen Schöpfungen sind die sogenannten Tagträume der Jugend« (Freud, 1908a, S. 191). Gemeinsame Quelle? In der Tat kann die bewusste Phantasie selbst verdrängt werden, wodurch sie pathogen wird.

21 *Der Wahn und die Träume in W. Jensens »Gradiva«* (Freud, 1907a); »Der Dichter und das Phantasieren« (Freud, 1908e); »Hysterische Phantasien und ihre Beziehung zur Bisexualität« (Freud, 1908a); »Über infantile Sexualtheorien« (Freud, 1908c); »Allgemeines über den hysterischen Anfall« (Freud, 1909a); »Der Familienroman der Neurotiker« (Freud, 1909c).

Freud findet in der Phantasie sogar den privilegierten Punkt, an dem man den Prozess des Übergangs von einem System zum anderen, die Verdrängung oder die Wiederkehr des Verdrängten, direkt beobachten könne.[22] Es ist das gleiche Mischwesen, derselbe »Mischling«, der nah an der Grenze zum Unbewussten von einer Seite in die andere übergehen kann, insbesondere wenn die Besetzung verändert wird.[23] Man wird vielleicht einwenden, dass Freud die unbewusste Phantasie hier nicht auf ihrer tiefsten Stufe erfasst, dass es nicht wirklich um »Phantasie«, sondern um eine einfache bewusstseinsnahe Träumerei geht. Dennoch bezeichnet er den Prozess, der die Phantasie »zurückweist«, als Verdrängung, und die Grenze, von der er spricht, ist sehr wohl die Grenze hin zum Unbewussten im eigentlichen, nämlich im topischen Sinne des Wortes.

Wir bestreiten sicher nicht, dass es unterschiedliche Ebenen innerhalb der unbewussten Phantasien gibt, aber es ist doch verblüffend zu sehen, wie Freud in seiner Untersuchung der Metapsychologie des Traums dieselbe Verwandtschaft zwischen den tiefsten unbewussten Phantasien und der Tagträumerei wiederfindet: In der Traumarbeit ist die Phantasie an beiden Endpunkten des Prozesses beteiligt. Einerseits ist sie mit dem letzten unbewussten Wunsch [désir] verbunden, mit dem »Kapitalisten« des Traums, und als solche ist sie am Ursprung jenes Wegs mit dem »mehrmals *›geknickten‹*« Verlauf, den die Erregung durch die aufeinanderfolgenden psychischen Systeme hindurch nehmen soll: »Das erste Stück (dieses Weges) spann sich progredient von den unbewußten Szenen oder Phantasien zum Vorbewußten; das zweite Stück strebt von der Zensurgrenze an wieder zu den Wahrnehmungen hin« (Freud, 1900a, S. 579; Kursivierung durch

22 »Unter günstigen Umständen kann man eine solche unbewußte Phantasie noch mit dem Bewußtsein erhaschen. Eine meiner Patientinnen, die ich auf ihre Phantasien aufmerksam gemacht hatte, erzählte mir, sie habe sich einmal auf der Straße plötzlich in Tränen gefunden, und bei raschem Besinnen, worüber sie eigentlich weine, sei sie der Phantasie habhaft geworden, daß sie mit einem stadtbekannten (ihr aber persönlich unbekannten) Klaviervirtuosen ein zärtliches Verhältnis eingegangen sei, ein Kind von ihm bekommen habe (sie war kinderlos), und dann mit dem Kinde von ihm im Elend verlassen worden sei. An dieser Stelle des Romanes brachen ihre Tränen hervor« (Freud, 1908a, S. 192f.).

23 »Sie kommen nahe ans Bewußtsein heran, bleiben ungestört, solange sie keine intensive Besetzung haben, werden aber zurückgeworfen, sobald sie eine gewisse *›Höhe der Besetzung‹* überschreiten« (Freud, 1915e, S. 290; Kursivierung durch Laplanche & Pontalis; A.d.Ü.).

Laplanche & Pontalis; A.d.Ü.), wo sie die »Tagesreste« (ebd., S. 561) oder »Übertragungsgedanken« (ebd., S. 610) aufgreifen wird. Aber die Phantasie ist auch am anderen Pol des Traums präsent, in der sekundären Bearbeitung, von der Freud sehr wohl betont, dass sie nicht Teil der unbewussten Traumarbeit ist, sondern als Arbeit »unseres wachen Denkens« (ebd., S. 503) eingestuft werden muss. Die sekundäre Bearbeitung ist eine nachträgliche Umarbeitung, die im Übrigen in den Umwandlungen stattfindet, denen wir unsere Traumerzählung nach dem Aufwachen unterwerfen. Sie besteht im Wesentlichen darin, in dem unbearbeiteten, durch die unbewussten Mechanismen (Verschiebung, Verdichtung, Symbolismus) gelieferten Produkt ein Minimum an Ordnung und Zusammenhang herzustellen (vgl. ebd., 517), dieser bunten Ansammlung »gleichsam eine Fassade anzubauen« (ebd., 495), ein Szenario zu geben, das sie relativ zusammenhängend und stimmig erscheinen lässt. Kurz gesagt geht es darum, den endgültigen Traum einem »Tagtraum« relativ ähnlich zu machen (vgl. ebd., S. 680). Deshalb verwendet die sekundäre Bearbeitung die fertig vorhandenen Szenarien wie die Phantasien oder Tagträume, denen sich das Subjekt an dem Vortag des Traumes hingegeben hat.

Sagen wir damit, dass zwischen der »Phantasie« [phantasme], die im Zentrum des Traums steht und der »Fantasie« [fantasme], die den Traum für das Bewusstsein akzeptabel macht, keine privilegierte Beziehung besteht? Es ist ganz natürlich, wenn Freud, nach seiner Entdeckung des Traums als unbewusste Wunscherfüllung, all das abwertet, was dem Bewusstsein nahe ist und als Abwehr, als Tarnung und eben als sekundäre Bearbeitung erscheinen kann.[24] Doch kommt er dann schnell zu einer anderen Einschätzung:

> »Man würde aber irre gehen, wenn man in diesen Traumfassaden nichts anderes sehen wollte, als solche eigentlich mißverständliche und ziemlich willkürliche Bearbeitungen des Trauminhaltes durch die bewußte Instanz unseres Seelenlebens. […] Die Wunschphantasien, welche die Analyse in den nächtlichen Träumen aufdeckt, erweisen sich oft als Wiederholungen und

24 Man muss in der Tat die sekundäre Bearbeitung, das Szenario zerlegen, um den Traum Element für Element erfassen zu können. Doch Freud vergisst nicht, dass bei diesem *Anordnen auf ein und derselben Ebene*, das ein zentraler Aspekte des psychoanalytischen Hörens ist, die Struktur, das Szenario selbst zum Element wird, genau wie zum Beispiel die Gesamtreaktion des Subjekts auf seinen eigenen Traum.

Umarbeitungen infantiler Szenen; die Traumfassade zeigt uns so in manchen Träumen unmittelbar den durch Vermengung mit anderem Material entstellten eigentlichen Kern des Traumes« (Freud, 1900a, S. 680).[25]

So scheinen die beiden Pole des Traums, und die beiden Modalitäten der Phantasie, die sich dort wiederfinden, wenn nicht zusammenzufallen, so zumindest von innen her miteinander zu kommunizieren und sich gleichsam gegenseitig zu symbolisieren.

Wir haben in Bezug auf den metapsychologischen Status der Phantasie von einem *Fortschreiten* des Freud'schen Denken gesprochen. Es verläuft ganz gewiss in Richtung einer Differenzierung, doch glauben wir ausreichend darauf hingewiesen zu haben, dass dies geschieht, ohne dass die Homologie zwischen den unterschiedlichen Ebenen der Phantasie unterdrückt wird, und vor allem, ohne dass die zentrale Unterscheidungslinie mit der topischen Grenze (Zensur) zwischen dem System Vbw-Bw einerseits und dem System Ubw andererseits fallengelassen wird. Die Unterscheidung verläuft im Inneren des Unbewussten: »Die unbewußten Phantasien sind entweder von jeher unbewußt gewesen, im Unbewußten gebildet worden oder, was der häufigere Fall ist, sie waren einmal bewußte Phantasien, Tagträume, und sind dann mit Absicht vergessen worden, durch die ›Verdrängung‹ ins Unbewußte geraten« (Freud, 1908a, S. 193).

In der Freud'schen Terminologie deckt sich diese Unterscheidung wenig später mit der zwischen den Urphantasien und den anderen Phantasien, die man als sekundär bezeichnen könnte, seien sie unbewusst oder nicht.[26]

---

25 Freud scheint auch darauf hinzuweisen, dass der Wunsch sich im Allgemeinen eher aus dem Aufbau [structure] herauslesen lässt, wenn es sich um eine Phantasie handelt, als im Falle des Traums (es sei denn, dieser wird durch die Phantasie stark umgebaut [restructuré], wie dies insbesondere bei den »typischen Träumen« der Fall ist): »Wenn man ihrem [der Phantasie] Aufbau nachspürt, so wird man inne, wie das Wunschmotiv, das sich in ihrer Produktion betätigt, das Material, aus dem sie gebaut sind, durcheinandergeworfen, umgeordnet und zu einem neuen Ganzen zusammengefügt hat« (ebd., S. 496).

26 Wir schlagen folgende Tabelle vor:

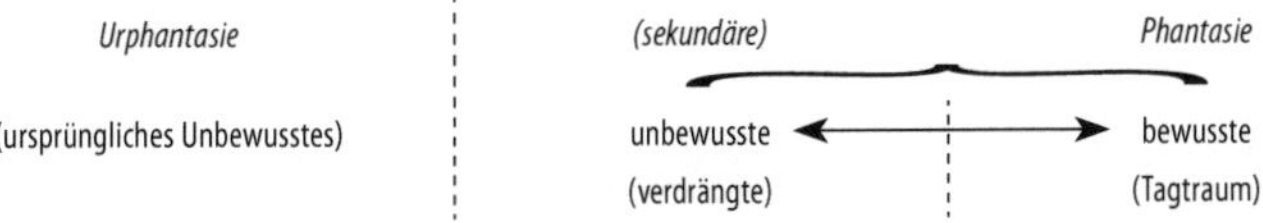

Die Verdrängung, die die sekundären Phantasien ins Unbewusste »verweist«, wäre dann das, was Freud »sekundäre Verdrängung« oder »Nachdrängen« nennt. Der Bildung oder

Jenseits dieses fundamentalen Unterschieds gründet jedoch die Einheit der Phantasie insgesamt in ihrem Charakter als Mischwesen, in dem sich, wenn auch in unterschiedlichem Maße, das Strukturale und das Imaginäre wiederfinden. Genau in diesem Sinne nimmt Freud als Modell der Phantasie immer die Tagträumerei, diesen zugleich stereotypisierten und unendlich variierbaren Fortsetzungsroman, den sich das Subjekt schafft und im Wachzustand erzählt.

Der Tagtraum greift für sein Bilderspiel die schillernde Masse des individuell Erlebten auf; das gilt aber auch für die Urphantasien, wobei deren *dramatis personae*, die Figuren des Kartenspiels, ihre Embleme aus der verstümmelten, durcheinandergeratenen, missverstandenen Familienlegende erhalten. In der Struktur der Urphantasie kann man leicht die ödipale Konfiguration herauslesen; aber auch im Tagtraum, wenn es wahr ist, dass die Analyse hinter der Vielfalt der erdichteten Geschichten typische, sich wiederholende Szenarien wiederfindet.

Allerdings erlaubt es nicht nur, und nicht einmal im Kern, das variable und umgekehrte Verhältnis zwischen dem imaginären Anteil und der strukturalen Verknüpfung, die Modalitäten[27] der Phantasie zwischen den beiden Polen Urphantasie und Tagtraum zu klassifizieren und zu unterscheiden. Die Struktur selbst scheint zu variieren. Am Pol des Tagtraums findet das Szenario im Wesentlichen in der ersten Person statt, und der Platz des Subjekts ist herausgehoben und unveränderlich. Die Organisation wird stabilisiert durch den Sekundärprozess, beschwert durch das Gewicht des »Ich«: Das Subjekt *lebt* seine Träumerei [rêverie], wie man sagt. Umgekehrt würde den Pol der Urphantasie die Abwesenheit einer Subjektivierung charakterisieren, und dass das Subjekt *in* der Szene gegenwärtig ist: So ist das Kind in der Phantasie »ein Kind wird geschlagen« zum Beispiel eine Person unter anderen. Insofern hätte die Deckerinnerung, die, worauf Freud nachdrücklich hinweist, das Subjekt gleichrangig neben den andern Protagonisten zeigt, eine tiefe strukturelle Verwandtschaft mit den Urphantasien.[28]

Niederschrift der Urphantasien beim Individuum entspricht ein anderer Typ von »Verdrängung«, der obskurer und mythischer ist und den Freud *»Urverdrängung«** [refoulement originaire] nennt. Wir versuchen später, einen Zugang dazu aufzuzeigen (vgl. auch Laplanche & Leclaire, 1981 [1961]).

27 Unter ihnen sind natürlich die Deckerinnerungen und die infantilen Sexualtheorien besonders zu erwähnen.

28 Freud sieht in dieser Eigenschaft der Deckerinnerungen [souvenirs-écrans] einen Beleg dafür, dass sie keine echten Erinnerungen sind. Aber gerade sie sind unter den bewuss-

»Ein Vater verführt eine Tochter«: So könnte zum Beispiel die Formel der Verführungsphantasie lauten. Das Kennzeichen des Primärprozesses ist hier nicht das Fehlen einer Organisation, wie manchmal behauptet wird, sondern dieser besondere Charakter des Aufbaus: Er ist ein Szenario mit vielfachen Auftritten, ohne dass klar wäre, dass das Subjekt sofort seinen Platz im Ausdruck *Tochter* findet; es kann genauso gut unter dem Ausdruck *Vater* oder sogar *verführt* auftauchen.

ten Phantasien die einzigen, die sich als Wirklichkeit ausgeben. Es sind wirkliche Szenen und zugleich die Leinwände [écrans] für die Urszenen oder Urphantasien. [Den hier noch verwendeten französischen Ausdruck *souvenir-écran* für *Deckerinnerung* wird Laplanche in der neuen Freud-Übersetzung der OCF.P durch die wörtlichere Übersetzung *souvenir-couverture* ersetzen; A. d. Ü.]

Die Zeit des »auto«: Ursprung der Sexualität

Als Freud sich die Frage stellt, ob es bei Menschen etwas dem »Instinkt der Tiere Analoges« (Freud, 1915e, S. 294) gebe, findet er dieses Äquivalent nicht in den *Trieben**, sondern eben in den Urphantasien (vgl. Freud, 1918b, S. 155f.). Dies ist ein wertvoller Hinweis, weil er uns nebenbei einen Beweis liefert für die Abneigung, eine Lösung des Phantasieproblems in einer biologischen These zu finden: Weit davon entfernt, die Phantasie auf die Triebe zu gründen, würde nach Freud vielmehr das Spiel der Triebe von vorgängigen phantasmatischen Strukturen abhängen. Wertvoll ist der Hinweis auch deshalb, weil er uns dabei hilft, bestimmte zeitgenössische Auffassungen genauer einzuordnen. Und schließlich führt er uns zu der Frage über die enge Beziehung zwischen Phantasie und Wunsch, die im Ausdruck *Wunschphantasie** selbst eingeschrieben ist.

Susan Isaacs macht aus den unbewussten Phantasien beispielsweise eine Aktivität, parallel zu den Trieben, aus denen sie hervorgehen; sie sieht darin den »psychischen Ausdruck« [mental expression] (Isaacs, 2016, S. 549) eines Erlebnisses, das selbst bestimmt wird durch das Feld von Triebbewegungen, die aus libidinösen und aggressiven Triebbewegungen einerseits und aus den von ihnen ausgelösten Abwehrvorgängen andererseits gebildet werden; und schließlich bemüht sie sich, die spezifischen Formen des Phantasielebens möglichst genau auf die körperlichen Zonen zu beziehen, die der Sitz des triebhaften Geschehens sind. Wird sie damit nicht dazu verleitet, einen gehörigen Anteil dessen, was Freud sowohl zum Trieb als auch zur Phantasie beigetragen hat misszuverstehen? Für sie ist die Phantasie nicht mehr als die imaginäre Niederschrift der primären Zielrichtung jedes Triebes, einer Zielrichtung, die von Anfang an auf ein spezifisches Objekt aus ist; das »Triebbedürfnis«[29] wird notwendigerweise als eine

29 [Übersetzung verändert; A. d. Ü.]

Phantasie empfunden, die sich unabhängig von ihrem Inhalt (zum Beispiel Sauglust beim Säugling), sobald sie in Worte gefasst werden kann[30], in einem aus drei Elementen bestehenden »Satz« zu erkennen gibt: Subjekt (ich) – Verb (schlucken oder beißen oder ausspucken) – Objekt (Brust, Mutter).[31] Gewiss zeigt Susan Isaacs, insofern der Trieb für die Kleinianer von Anfang an und seiner Natur nach *Beziehung* ist, wie eine solche Einverleibungsphantasie auch gut im umgekehrten Sinne erlebt werden kann, wie also aktiv in passiv übergeht; mehr noch, für die Phantasie selbst ist diese Furcht konstitutiv, dass das Abgesendete zum Absender zurückkehrt. Aber genügt es, in der Einverleibungsphantasie das Äquivalent von Essen und Gegessenwerden wiederzuerkennen? Befinden wir uns denn überhaupt auf der grundlegendsten Phantasieebene, solange die Idee aufrechterhalten wird, das Subjekt sei an einem bestimmten Platz, auch wenn es dort in der Passivform auftauchen kann?

Wenn die Phantasie für Susan Isaacs unmittelbarer Ausdruck des Triebes, ja gleichsam ein integraler Bestandteil davon ist, und wenn sie schließlich auf die Beziehung reduziert werden kann, die ein Subjekt zu einem Objekt durch ein handlungsanzeigendes Verb (nach der Art eines Allmachtswunsches) herstellt, dann doch deshalb, weil die Triebstruktur für Isaacs eine subjektive Intentionalität innehat, die untrennbar ist von dem,

30 Für Susan Isaacs werden »die primären Phantasien […] durch psychische Prozesse zum Ausdruck gebracht und bearbeitet, die von Worten […] weit entfernt« sind (Isaacs, 2016, S. 555). Nur um darüber zu sprechen, drücken wir sie in Worten aus, aber damit führen wir ein »fremdes Element« (ebd., S. 580) ein. Im Rückgriff auf einen Ausdruck Freuds spricht Susan Isaacs von »der Sprache der oralen Triebregungen« (ebd., S. 572) [language of the oral impulse]; und es ist sicherlich richtig, dass die Ordnung der Sprache nicht durch ihren verbalen oder non-verbalen Charakter bestimmt ist. Wenn aber Isaacs Sprache und Ausdrucksvermögen miteinander vermengt, dann gibt sie nur unzureichend wieder, was an den Auffassungen Melanie Kleins besonders originell ist: nämlich der Versuch, eine Sprache zu erfassen, die nicht aus Worten besteht, aber dennoch mithilfe von Oppositionspaaren (gut – schlecht, intern – extern) strukturiert ist. Setzt Melanie Kleins kühne Technik nicht voraus, dass man sich vielleicht nicht auf die bewegliche Ausdrucksform eines Trieblebens, aber doch auf einige grundlegende Signifikanten bezieht?

31 Vgl. die verschiedenen von Isaacs formulierten Varianten: »*Ich* möchte sie ganz aufessen« [I want to … bzw. *je* veux …], »*ich* möchte sie in mir behalten«, »*ich* möchte sie in Stücke reißen«, »*ich* möchte sie aus mir hinauswerfen«, »*ich* muss sie zurückbringen, *ich* muss sie jetzt haben« etc. (ebd., S. 551; Kursivierungen durch Laplanche & Pontalis; A.d.Ü.).

worauf sie abzielt: Der Trieb erfasst intuitiv das Objekt, das ihn befriedigen soll, er »kennt« es. Wie die Phantasie, die zunächst libidinöse und destruktive Triebe ausdrückt, sich schnell in einen Abwehrmodus verwandelt, entfaltet sich schließlich die gesamte innere Dynamik des Subjekts nach diesem einzigartigen Organisationstypus. Mit einer solchen Auffassung, die – übrigens in Übereinstimmung mit gewissen Formulierungen Freuds – davon ausgeht, dass »[a]lles Bewusste [...] eine unbewusste Vorstufe [hat]« (Freud, 1900a, S. 617) und dass das Ich »ein besonders differenzierter Anteil« des Es ist (Freud, 1926d, S. 124), gelangt man zwangsläufig dazu, jeden psychischen Vorgang durch eine zugrunde liegende Phantasie zu verdoppeln, die sich ihrerseits prinzipiell auf den elementaren Ausdruck eines Triebziels reduzieren lässt. Das biologische Subjekt findet seine direkte Fortsetzung im Subjekt der Phantasie, dem sexuellen und menschlichen Subjekt, gemäß der Reihe: Körperliches → Es → (Wunsch-, Abwehr-) Phantasie → Mechanismus des Ich; die Wirkweise der Verdrängung lässt sich nur schlecht erfassen, da das »Phantasieleben« [vie phantasmatique] eher implizit als verdrängt ist und schon allein dadurch in sich selbst seine ganz eigenen Konflikte beherbergt, als im Inneren des Seelenlebens Phantasien mit entgegengesetzten Zielrichtungen koexistieren. So greift die Phantasie überall hin über und es ist kaum mehr möglich, diese besondere Art von Aufbau wiederzuerkennen, die Freud herauszuarbeiten suchte, und auch das zwar schwer bestimmbare, aber ausgewählte Verhältnis, das er zwischen Phantasie und Sexualität herstellt, löst sich auf.

Man kann sich darüber wundern, dass Freud – in einer Zeit, in der er die Existenz und die Tragweite des Sexuallebens und der Phantasien beim Kind voll und ganz erkannt hatte – die Phantasietätigkeit weiterhin, zum Beispiel in einer 1920 hinzugefügten Fußnote zu den *Drei Abhandlungen zur Sexualtheorie* (Freud, 1905d, S. 127, A. 2), im Wesentlichen mit der Periode der präpubertären und pubertären Masturbation verknüpft.[32] Hängt

32 Natürlich bezieht die Masturbation meistens ein imaginäres Verhältnis zu einem Objekt mit ein; bloß äußerlich, nämlich insofern, als das Subjekt seine Befriedigung nur mithilfe seines eigenen Körpers erreicht, würde man sie also als autoerotisch bezeichnen. Doch impliziert eine kindliche autoerotische Aktivität wie zum Beispiel das Daumenlutschen keineswegs, dass jedes Objekt fehlt. Was diese Aktivität ihrem Wesen nach zu einer autoerotischen macht, ist, wie wir noch ausführen werden, eine besondere Art der Befriedigung, die für die »Geburt« der Sexualität spezifisch ist und von der bei der pubertären Masturbation etwas erhalten bleibt.

dies nicht damit zusammen, dass in seinen Augen zwischen der Phantasie und dem Autoerotismus eine enge Beziehung besteht, von der die Idee, dass dieser durch jene verschleiert wird, allein keinen Aufschluss gibt?

Schließt er sich damit nicht wieder der allgemeinen Auffassung an, wonach sich das Subjekt angesichts fehlender realer Objekte eine imaginäre Befriedigung sucht und verschafft?

Hat Freud nicht selbst eine solche Sichtweise bestätigt, als er versucht hat, ein theoretisches Modell über die Entstehung des Wunsches mit seinem Objekt und seinem Ziel[33] zu entwerfen? Die Phantasie fände ihren Ursprung in der halluzinatorischen Befriedigung des Wunsches dann, wenn der Säugling in Abwesenheit des realen Objekts in halluzinierter Form das ursprüngliche *Befriedigungserlebnis* reproduzierte. Am grundlegendsten wären demzufolge diejenigen Phantasien, die versuchen, die mit den allerersten Erfahrungen des Entstehens und der Auflösung des Wunsches verbundenen halluzinatorischen Objekte wiederzufinden.[34]

Aber noch bevor man darüber aufklärt, was die Freud'sche *Fiktion** entwickeln will, müsste man sich über ihre Bedeutung im Klaren sein, umso mehr, als sie zwar selten detailliert dargestellt, jedoch von Freud in seiner Auffassung vom Primärprozess immer vorausgesetzt wird. Man könnte

33 »Das erste *Wünschen** [désirer] dürfte ein halluzinatorisches Besetzen der Befriedigungserinnerung gewesen sein« (Freud, 1900a, S. 604).

34 Vgl. zum Beispiel Susan Isaacs Deutung der Freud'schen Hypothese zur primitiven Halluzination: »Es ist wahrscheinlich, dass Halluzination in solchen Zeiten am wirksamsten ist, in denen die Triebspannung nicht sehr intensiv ist, vielleicht wenn der Säugling halb wach ist und anfängt hungrig zu werden, aber immer noch stillliegt […]. Der Schmerz der Frustration ruft dann ein noch stärkeres Verlangen hervor, nämlich den Wunsch, die ganze Brust in sich aufzunehmen und sie dort als Quelle der Befriedigung zu behalten. Der wiederum wird sich eine Zeitlang omnipotent im Glauben, in der Halluzination selbst erfüllen […]. Diese Halluzination der inneren befriedigenden Brust kann jedoch vollständig in sich zusammenbrechen, wenn die Frustration weiter bestehen bleibt und der Hunger nicht befriedigt wird, wenn sich die Triebspannung als zu stark erweist, um verleugnet zu werden« (Isaacs, 2016, S. 552f.).

Wir bemerken die Verlegenheit, in die die Autorin gerät, wenn sie den Gedanken einer halluzinatorischen *Befriedigung* mit den Forderungen [exigences] eines frustrierten Triebes [instinct] in Einklang bringen will. Tatsächlich, wie sollte *sich* ein Säugling nur von Luft *ernähren* können? Wenn man nicht begreift, dass das, was in der »ursprünglichen Halluzination« angestrebt wird, nicht das reale, sondern das verlorene Objekt, nicht die Milch, sondern der Signifikant Brust ist, wird das Freud'sche Modell unverständlich.

darin einen Ursprungsmythos sehen: Was Freud vorgibt, in seiner bildlichen Darstellung zu erfassen, wäre genau die Zeit der Entstehung des Wunsches. Dabei handelt es sich um eine analytische »Konstruktion« oder eine Phantasie, die den Moment der Spaltung in ein *Vorher* und ein *Nachher* festzuhalten versucht und zugleich noch beides enthalten soll: ein mythischer Moment, in dem Bedürfnis*befriedigung** und *Wunscherfüllung**, die Zeit der realen Erfahrung und ihrer halluzinatorischen Wiederbelebung, das Objekt, das erfüllt und das Zeichen[35], in dem das Objekt und sein Fehlen zugleich eingeschrieben ist, auseinanderfallen: ein mythischer Moment, an dem sich Hunger und Sexualität an einem Ursprungspunkt voneinander trennen.

Wenn wir nun, selbst in der Phantasie der Ursprünge gefangen, vorgeben würden, das Auftauchen der Phantasie ausfindig zu machen – diesmal, indem wir uns in den realen Verlauf der Geschichte des Kindes versetzen, in die Entwicklung seiner Sexualität (dies ist die Perspektive des zweiten Kapitels der *Drei Abhandlungen*) –, würden wir sie an das Auftreten des Autoerotismus zurückbinden: an den Moment, in dem sich von der Welt der Bedürfnisse, diesen »lebenswichtigen Funktionen«, die über sichere Ziele und Apparate sowie vorgeformte Objekte verfügen, etwas ablöst – nicht als Lust, die bei der Erfüllung irgendeiner Funktion oder beim Nachlassen einer aus einem Bedürfnis entstandenen Spannung entsteht, sondern als Nebenprodukt –, nämlich das ablöst, was Freud »Lustprämie« nennt.

Vom Auftreten des Autoerotismus zu sprechen, selbst mit der Einschränkung, dass er kein Entwicklungsstadium der Libido ist und selbst mit der Betonung seiner Dauerhaftigkeit und Präsenz im gesamten Sexualverhalten des Erwachsenen, birgt dennoch die Gefahr, aus den Augen zu verlieren, was die zentrale Bedeutung dieses Begriffs ist und was er in Bezug auf die *Funktion* wie auch in Bezug auf die *Struktur* der Phantasie verdeutlichen kann.

Der Begriff des Autoerotismus wird in der Psychoanalyse deshalb häufig kritisiert, weil er, unter Bezugnahme auf die Kategorie des Objektes, als ein erstes, in sich selbst abgeschlossenes Stadium verstanden wird, von dem ausgehend sich das Subjekt die Welt der Objekte zu erschließen hätte. Dann zeigt man mit großem Aufwand, dass der Säugling von Anfang an vielfältige und komplexe Verbindungen zum äußeren Objekt, und an erster

35 Zu Unrecht von den Psychoanalytikern als »Wunschobjekt« [objet du désir] bezeichnet: die Brust.

Stelle zu seiner Mutter, unterhält. Doch wenn Freud, hauptsächlich in den *Drei Abhandlungen*, vom Autoerotismus spricht, hat er nicht die Absicht zu leugnen, dass eine primäre Beziehung zum Objekt existiert, er weist ganz im Gegenteil darauf hin, dass der Trieb autoerotisch *wird*, nachdem er sein Objekt verloren hat.[36] Wenn man vom Autoerotismus sagen kann, dass er *objektlos** ist, dann weder deshalb, weil er vor jeder Beziehung zu einem Objekt[37] aufträte, noch deshalb, weil damit jedes Objekt in der Suche nach einer Befriedigung aufhörte präsent zu sein, sondern deshalb, weil hier die natürliche Weise, ein Objekt zu erfassen, eine Spaltung erfährt: Der Sexualtrieb trennt sich von den nicht sexuellen Funktionen (der Ernährung beispielsweise), an die er sich *anlehnt**[38], und die ihm sein Ziel und sein Objekt angezeigt haben.

Der »Ursprung« des Autoerotismus wäre also dieser Moment – mehr abstrakt als datierbar, weil er sich immer wieder erneuert und man von der Vorgängigkeit einer erotischen Erregung ausgehen muss, um zugestehen zu können, dass sie als solche überhaupt gesucht wird –, in dem die Sexualität sich von jedem natürlichen Objekt ablöst, sich der Phantasie ausliefert und genau dadurch erst zu Sexualität wird. Doch kann man ebenso umgekehrt sagen, dass erst der Einbruch der Phantasie die Trennung von Se-

36 »Als die anfänglichste Sexualbefriedigung noch mit der Nahrungsaufnahme verbunden war, hatte der Sexualtrieb ein Sexualobjekt außerhalb des eigenen Körpers in der Mutterbrust. Er verlor es nur später, *vielleicht gerade zur Zeit, als es dem Kinde möglich wurde, die Gesamtvorstellung der Person, welcher das ihm Befriedigung spendende Organ angehörte, zu bilden. Der Geschlechtstrieb wird dann in der Regel autoerotisch* […]« (Freud, 1905d, S. 123; Kursivierung durch Laplanche & Pontalis; A. d. Ü.).

Eine wertvolle Stelle, auch durch diesen darin enthaltenen Hinweis (die Passage wurde von uns hervorgehoben): In der Bildung der autoerotischen Phantasie wäre demnach nicht nur das Teilobjekt (Brust, Daumen als ihr Ersatz) enthalten, sondern auch die Mutter als Gesamtperson, die genau in dem Augenblick verschwindet, in dem sie als solche vorgestellt wird. Die Mutter als Gesamtperson ist weniger auf der Ebene der Wahrnehmung einer *Gestalt** zu verstehen als vielmehr in Bezug auf den Anspruch oder auch Wunsch [demande], den die Mutter dem Kind gewähren oder ablehnen kann.

37 Bestimmte Psychoanalytiker nennen das »objektlose Stufe« [stade anobjectal] in einer genetischen Auffassung, die man als totalitaristisch bezeichnen könnte, weil sie die Bildung des libidinösen Objekts mit der Bildung der Objektivität in der Außenwelt verwechselt und weil sie vorgibt, Entwicklungsstadien des Ich, gleichsam als das »Realitätsorgan«, aufzustellen; darüber hinaus sollten sie gar den Stadien der Libido entsprechen.

38 Wir entwickeln diesen für die Freud'sche Triebtheorie grundlegenden Begriff an anderer Stelle (vgl. *Vokabular der Psychonanalyse*, Laplanche & Pontalis, 1972).

xualität und Bedürfnis hervorruft.[39] Zirkuläre Kausalität oder gleichzeitige Geburt? Tatsache ist, dass sie, wie weit man auch zurückgeht, am selben Punkt ihren Ursprung haben.

Die autoerotische Befriedigung lässt sich, wenn sie überhaupt eigenständig erfassbar ist, ziemlich genau definieren: Da sie als Produkt der anarchischen Aktivität der Partialtriebe eng an die Erregung spezifischer erogener Zonen gebunden ist – eine Erregung, die an Ort und Stelle entsteht und dort gestillt wird – ist sie keine globale Funktionslust, sondern kleinteilige Lust, streng lokal gebundene *Organlust**.

Bekanntlich kann die Erogenität an »vorbestimmte« Körperregionen gebunden sein (bei der Aktivität des Saugens etwa ist die orale Zone allein durch ihre Physiologie dazu bestimmt, erogene Bedeutung zu erhalten), sie kann aber auch auf irgendein beliebiges Organ (sogar ein inneres), auf irgendeinen Bereich oder irgendeine Körperfunktion ausgeweitet werden. In allen Fällen dient die Funktion nur als eine Stütze, die Nahrungsaufnahme steht zum Beispiel modellhaft für eine Einverleibungsphantasie. Die Sexualität ist zwar der Funktion nachgebildet, doch ist sie grundlegend verschieden von dieser Funktion; deshalb ist ihr Prototyp nicht das Saugen, sondern das Lutschen, also der Moment, in dem das äußere Objekt aufgegeben wird, in dem das Ziel und die Quelle in Bezug auf die Nahrungsaufnahme und das Verdauungssystem eigenständig werden. Das Ideal des Autoerotismus, so könnte man sagen, sind Lippen, die sich selbst küssen[40]: Bei dieser anscheinend ganz auf sich selbst bezogenen Lust [jouissance], tief im Innern der Phantasie, diesem Diskurs, der sich an niemanden mehr richtet, ist jede Aufteilung in Subjekt und Objekt aufgehoben.

Fügt man noch hinzu, dass Freud ständig auf die Rolle der Verführerin hingewiesen hat, die von der Mutter (oder von anderen) tatsächlich beim

39 In einer der ersten Überlegungen zur Phantasie notiert Freud, dass die *Impulse** durchaus aus den Phantasien hervorgehen könnten (Freud im Manuskript N, 1986 [1985b], S. 267).

40 Vgl. »Schade, daß ich mich nicht küssen kann« (Freud, 1905d, S. 83); vgl. auch die Analyse der Gegensatzpaare Sadismus – Masochismus, Schaulust – Zeigelust in *Triebe und Triebschicksale* (Freud, 1915c, S. 219–225). Noch vor jeder aktiven oder passiven Satzform (sehen – gesehen werden, zum Beispiel) wäre eine reflexive Form anzunehmen (sich selbst sehen), die Freud zufolge vorgängig [primordial] wäre. Zweifellos müsste man diese vorgängige Ebene dort ansetzen, wo das Subjekt keinem der unterschiedlichen Glieder der Phantasie mehr zugeordnet ist.

Waschen, Wickeln oder Streicheln[41] ihres Kindes eingenommen wird, und wenn man sich klarmacht, dass die herausgehobenen erogenen Zonen (die orale, die anale, die urogenitale, die Haut) die Regionen sind, die zum einen die größte Aufmerksamkeit der Mutter auf sich ziehen und zum anderen für den Austausch eine offensichtliche Bedeutung haben (Körperöffnungen oder Hautschicht), dann sieht man, wie bestimmte ausgewählte Stellen des eigenen Körpers nicht nur als Träger einer lokalen Lust dienen können, sondern auch Ort der Begegnung mit dem mütterlichen Wunsch [désir], der mütterlichen Phantasie und damit auch mit einer Form der Urphantasie sind.

Indem wir den Ursprung der Phantansie in die *Zeit* des Autoerotismus verlegt haben, haben wir besonders die Verbindung zwischen Phantasie und Wunsch herausgestellt. Doch ist die Phantasie nicht das Objekt des Wunsches, sie ist Szene. In der Tat zielt das Subjekt in der Phantasie nicht auf das Objekt oder dessen Zeichen ab, vielmehr erscheint es selbst als Teil der Bilderfolge. Es stellt sich das gewünschte Objekt nicht vor, sondern wird als in der Szene beteiligt dargestellt, ohne dass ihm, zumindest in den der Urphantasie am nächsten kommenden Formen, ein Platz zugewiesen werden könnte (daher die Gefahr von den Deutungen in der Kur, die genau darauf abzielen). Konsequenzen: Auch wenn das Subjekt in der Phantasie immer anwesend ist, kann es dies in einer entsubjektivierten Form sein, das heißt nur in der Syntax der betreffenden Sequenz. Andererseits, insofern der Wunsch nicht einfach nur bedeutet, dass der Trieb auftaucht, sondern sich über die Wortfolge der Phantasie äußert, ist diese der ausgewählte Ort ursprünglichster Abwehroperationen, wie zum Beispiel die Wendung gegen sich selbst, die Umkehrung ins Gegenteil, die Projektion, die Verleugnung; diese Abwehrformen sind sogar unauflöslich an die erste Funktion der Phantasie geknüpft – die Inszenierung des Wunsches –, wenn es denn stimmt, dass der Wunsch selbst auf einem Verbot beruht, dass also der Konflikt *Urkonflikt* ist.

41 »Der Verkehr des Kindes mit seiner Pflegeperson ist für dasselbe eine unaufhörlich fließende Quelle sexueller Erregung und Befriedigung von erogenen Zonen aus, zumal da letztere – in der Regel doch die Mutter – das Kind selbst mit Gefühlen bedenkt, die aus ihrem Sexualleben stammen, es streichelt, küßt und wiegt und ganz deutlich zum Ersatz für ein vollgültiges Sexualobjekt nimmt« (Freud, 1905d, S. 124). Trotzdem wird immer gesagt, Freud habe ziemlich lange gebraucht, bis er die Bindung an die Mutter anerkannte.

Um entscheiden zu können, wer hinter der Inszenierung steht, reicht es nicht aus, dass sich der Analytiker nur mehr auf die Mittel seiner Wissenschaft, und vielleicht noch auf die des Mythos verlässt. Er sollte auch noch Philosoph werden.

Literatur

Breuer, J. & Freud, S. (1970 [1895]). *Studien über Hysterie*. Einleitung von Stavros Mentzos. Frankfurt a. M.: Fischer.

Ferenczi, S. (1983 [1933]). Sprachverwirrung zwischen den Erwachsenen und dem Kind. In ders., *Bausteine zur Psychoanalyse. Bd. III* (S. 511–526). Frankfurt a. M.: Ullstein.

Freud, S. (1895d [1893–95]). *Studien über Hysterie. GW I*, S. 75–312 ohne Breuers Beiträge.

Freud, S. (1900a). *Die Traumdeutung. GW II/III.*

Freud, S. (1905d). *Drei Abhandlungen zur Sexualtheorie. GW V*, S. 27, 33–145.

Freud, S. (1906a). Meine Ansichten über die Rolle der Sexualität in der Ätiologie der Neurosen. *GW V*, S. 147–159.

Freud, S. (1907a [1906]). *Der Wahn und die Träume in W. Jensens »Gradiva«. GW VII*, S. 29–122.

Freud, S. (1909a [1908]). Allgemeines über den hysterischen Anfall. *GW VII*, S. 235–240.

Freud, S. (1909c). Der Familienroman der Neurotiker. *GW VII*, S. 227–231.

Freud, S. (1908a). Hysterische Phantasien und ihre Beziehungen zur Bisexualität. *GW VII*, S. 191–199.

Freud, S. (1911b). Formulierungen über zwei Prinzipien des psychischen Geschehens. *GW VIII*, S. 230–238.

Freud, S. (1914d). Zur Geschichte der psychoanalytischen Bewegung. *GW X*, S. 43–113.

Freud, S. (1915c). Triebe und Triebschicksale. *GW X*, S. 210–232.

Freud, S. (1915e). Das Unbewußte. *GW X*, S. 264–303.

Freud, S. (1915f). Mitteilung eines der psychoanalytischen Theorie widersprechenden Falles von Paranoia. *GW X*, S. 234–246.

Freud, S. (1916–17a [1915–17]). *Vorlesungen zur Einführung in die Psychoanalyse. GW XI.*

Freud, S. (1918b [1914]). Aus der Geschichte einer infantilen Neurose. *GW XII*, S. 27–157.

Freud, S. (1923b). *Das Ich und das Es. GW XIII*, S. 237–289.

Freud, S. (1925d [1924]). *Selbstdarstellung. GW XIV*, S. 31–96.

Freud, S. (1926d). *Hemmung, Symptom und Angst. GW XIV*, S. 111–205.

Freud, S. (1940a [1938]). Abriß der Psychoanalyse. *GW XVII*, S. 63–123 [ohne das Vorwort]; *GW Nachtragsband*, S. 749 [nur das Vorwort].

Freud, S. (1986 [1985b]). *Briefe an Wilhelm Fließ 1887–1904*. Ungekürzte Ausgabe. Hrsg. v. J. M. Masson, Bearbeitung der dt. Fassung v. M. Schröter, Transkription v. G. Fichtner. Frankfurt a. M.: Fischer. [Engl.: 1985b; frz.: 2006].

Isaacs, S. (2016). Wesen und Funktion der Phantasie (Aus dem Archiv der Psychoanalyse). *Psyche, 70*(6), 530–582. [Engl. Orig.: 1948; frz. Übers.: 1966].

Klein, M. (1994 [1962]). *Die Psychoanalyse des Kindes und andere Beiträge zur Psychoanalyse*. Stuttgart: Klett-Cotta.

Klein, M. (2006 [1962]). *Das Seelenleben des Kleinkindes und andere Beiträge zur Psychoanalyse*. Stuttgart: Klett-Cotta.

Kris, E. (1950). Einleitung. In S. Freud, *Aus den Anfängen der Psychoanalyse. Briefe an Wilhelm Fliess, Abhandlungen und Notizen aus den Jahren 1887–1902* (S. 7–58). Hrsg. v. M. Bonaparte, A. Freud u. E. Kris. London: Imago Publishing.

Laplanche, J. & Leclaire, S. (1981 [1961]). L'inconscient. Une étude psychanalytique. In J. Laplanche, J. (1981)., *Problématiques IV: L'inconscient et le ça* (S. 261–321). Paris: Presses universitaires de France.

Laplanche, J. & Pontalis, J. B. (1972 [1967]). *Das Vokabular der Psychoanalyse*. Übers. v. E. Moersch. Frankfurt a. M.: Suhrkamp.

Jean Laplanche

Nachträglichkeit

Problemstellungen VI

2022 · 171 Seiten · Broschur
ISBN 978-3-8379-3135-8

Die Nachträglichkeit ist ein psychoanalytischer Begriff mit einer besonderen Geschichte, der sowohl für die Metapsychologie der Zeit als auch für die klinische Praxis der Psychoanalyse unverzichtbar geworden ist. Freud hatte zwar immer wieder zentral darauf Bezug genommen, ihn aber nie systematisch ausgearbeitet. Mit der Vorlesungsreihe »L'après-coup« (Nachträglichkeit) aus den Jahren 1989 und 1990 nahm Laplanche die erste umfassende Analyse des Freud'schen Begriffes der Nachträglichkeit in der Geschichte der Psychoanalyse vor.

In diesem Band, der die Vorlesungsreihe erstmals in deutscher Sprache enthält, eröffnet Laplanche einen Raum für verschiedene Interpretationen, um am Ende eine eigene Lesart vorzulegen: Er insistiert darauf, dass die Nachträglichkeit in ihrer Zweizeitigkeit ohne den Anderen und seine rätselhaften Botschaften nicht zu verstehen ist. Zum ersten Zeitpunkt wird das Subjekt mit einer zunächst unübersetzbaren Botschaft konfrontiert, die es zu einem zweiten Zeitpunkt, nach einer Zeit der Latenz, zu übersetzen versucht.

Jean Laplanche

Sexual

Eine im Freud'schen Sinne erweiterte Sexualtheorie

2017 · 277 Seiten · Broschur
ISBN 978-3-8379-2301-8

Jean Laplanche gehört zu den renommiertesten und einflussreichsten französischen Psychoanalytikern. Mit seiner Allgemeinen Verführungstheorie, die er in seinen Vorlesungen an der Université Paris VII zwischen 1970 und 1993 entwickelte, legte er den womöglich letzten großen Entwurf vor, um der Psychoanalyse ein gemeinsames Fundament zu schaffen.

Jean Laplanche setzte sich Zeit seines Lebens für eine Erneuerung und Weiterentwicklung der Freud'schen Psychoanalyse ein. Dabei stellte er den Freud'schen Begriff einer »erweiterten« Sexualität ins Zentrum seiner Theoriebildung. Der französische Neologismus »sexual« soll genau diese Freud'sche Erweiterung sichtbar machen und betonen, dass das Unbewusste von der Sexualität nicht zu trennen ist.

Das vorliegende Buch versammelt in chronologischer Abfolge die Aufsätze, die Laplanche in seiner letzten intellektuellen Schaffensperiode zwischen 2000 und 2006 verfasst hat. In diesen Texten geht Laplanche von seiner Allgemeinen Verführungstheorie aus, die er bis zu seinem Lebensende weiterentwickelt hat, und beleuchtet damit so unterschiedliche Fragestellungen wie etwa das Verhältnis von Trieb und Instinkt, das psychoanalytische Verständnis des Sexualverbrechens, die Gendertheorie oder die Stellung der Psychoanalyse an der Universität.